经营十四条

王祥伍
雷　蕾　◎著

清華大學出版社
北　京

内容简介

91 岁的褚老为什么能持续成功？

为什么褚老帮扶的企业都能成功？

糖厂 16 年，烟厂 17 年，种橙 17 年，褚老在经营企业时，如何做到“绝地重生”，褚老到底做对了什么？

本书结合褚老的企业经营实践，用朴实无华的语言对褚老的经营管理思想娓娓道来。在当下的经济环境中，企业如何才能实现持续稳步增长？本书践行的便是中国式管用、好用、可学的经营管理哲学，通过总结出影响企业经营的十四条底层逻辑，快速而有效地解决企业经营难题。

本书是共赢的经营哲学，是盈利的经营系统，更是穿越萧条的经营管理智慧。是每个企业经营管理者都用得上的经营管理原则，更是创业者、企业管理者、MBA 课程学习者的好帮手。

图书在版编目（CIP）数据

经营十四条 / 王祥伍，雷蕾著 . -- 北京：清华大学出版社，2024.9. -- ISBN 978-7-302-67341-5

Ⅰ. F279.23

中国国家版本馆 CIP 数据核字第 2024709PP3 号

责任编辑：袁金敏
封面设计：花开梦田
责任校对：徐俊伟
责任印制：曹婉颖
出版发行：清华大学出版社
网　址：https://www.tup.com.cn，https://www.wqxuetang.com
地　址：北京清华大学学研大厦 A 座　邮　编：100084
社 总 机：010-83470000　邮　购：010-62786544
投稿与读者服务：010-62776969，c-service@tup.tsinghua.edu.cn
质 量 反 馈：010-62772015，zhiliang@tup.tsinghua.edu.cn
课 件 下 载：https://www.tup.com.cn，010-83470236
印 装 者：涿州汇美亿浓印刷有限公司
经　销：全国新华书店
开　本：170mm × 230mm　**印　张：**13.25　**字　数：**151 千字
版　次：2024 年 10 月第 1 版　**印　次：**2024 年 10 月第 1 次印刷
定　价：88.00 元

产品编号：108618-01

序一

人人可学的商业之道

褚老是我非常敬重的中国企业家。他的故事广为人知，但每次和学者或其他企业家聊起他时，仍觉心潮起伏。

如本书所著，褚老在商业上取得了辉煌的成功。他领导的企业，总是能推出高品质的产品和服务，并迅速成为行业标杆。他的管理思想既简单又透彻——重视技术、利益共享；他的管理实践既朴素又实用——本书中用“经营十四条”做了非常详细的总结。读者不需要有高深的经济管理理论就可以理解并实践，企业不需要找寻商业秘密但凭实实在在的“加油干”就可以获得非凡的经营成功。那些没有额外资源的创业者也可以模仿“经营十四条”并在企业实践之中应用；不从事创业活动的读者，学习他的思想和实践，也可以终身受益。

我尊重褚老，不仅因为他卓越的商业成就，更因为他身上浓烈的英雄主义色彩。罗曼·罗兰说：“只有一种英雄主义，那就是在认清生活的真相之后依然热爱生活。”褚老具备英雄主义的一切特征，他不仅是市场冲浪的领头羊，更是笑看风云的英雄。在历经生活磨难之后，74岁高龄的他直接上阵，投身于必须长期坚持的种植业，其心智之坚韧、心胸之开阔，难有人相匹敌。正因为他的努力，褚橙在十年后改变市场格局，成为标志性的产品，年销售额超过亿元。

在历史上，跌落云端之后王者归来的大戏往往属于青年人，最多到中年。对迟暮之年的人来说，剧情往往是英雄落幕，夕阳虽好却近黄昏。褚时健却如此与众不同，他没有时间纠结过去失去了什么，只是坚定地走向未来，再次书写了自己的传奇。

我们处于一个变革的时代，经济和社会在不断变化之中，技术更迭的速度更是异乎寻常。数字技术的高速发展加速了变化的速度，每天都有新的信息扑面而来。外界事物的快速变化，必然影响我们的认知和内心。褚老身上的英雄主义，他的坚韧和开阔，在今天这个时代更弥足珍贵，更能帮助我们守住内心的自己。

作为经济管理学院的教授，我了解很多优秀中国企业的成长史，也经常和企业家们讨论中国企业成长之道。因为企业是经济社会的细胞，蓬勃发展的业务活动能促进创新创业创造，增加就业推动经济发展。在企业发展初期，企业家的战略选择和执行力决定了企业是否能生存和成长。当企业成长起来后，团队力量便逐渐超过企业家个人才能，但企业家精神仍能影响企业的长期发展。也因此，各行业的头部企业通常都有一个传奇般领袖人物。褚时健无疑是传奇中的传奇，英雄中的英雄。他的故事从不只属于他，他是我们这个时代的最强音。

李纪珍

清华大学经济管理学院副院长

2024 年 6 月 16 日于清华园

序二

欢呼常识的力量

怎样管好企业？企业是经济发展的主体，是全社会走向共同富裕的引领者，也是千万企业经营者、市场主体念兹在兹的“灵魂拷问”。《经营十四条》这本书给出了常识一样的回答，我认为这些回答值得欢呼、值得称道。我的看法来自以下三条理由。

第一，本书紧密结合企业经营实践。褚时健先后经营过大小不同的很多“市场主体”，其中长期负责的就有3家企业。本书基于褚老的经营实践，从中总结出14条道理，这些道理都是企业经营者拿起来就可以去使用的。这些看起来最朴实的道理，对丰富管理学文献具有非常重要的意义。实际上，管理学从来就应该是一门面向实际应用的学科。只是近几十年来，在贴近实际（Relevance）与科学严谨（Rigor）的争辩中，管理学的作品中能够兼顾两者的比例不高，造成不少研究脱离实际。这也造成了当下讨论管理学发展时，绝大多数人都期待管理学未来一定要紧密结合实践。

第二，本书所陈述的内容都是朴实无华的语言，大家都能读懂。尤其宝贵的是，本书用了褚老几十年经营企业的大量的实际故事，把这些道理讲述得非常生动。面对汗牛充栋的管理学文献，要想在讨论管理问题的时候“说人话”有时并不容易，但是只有这样才能达到沟通的效果。当年我的老师教导我如何准备讲课时，让我记住“人的耳朵天生是用来听故事的”。管理学从来就应该说让企业经营者、让大众听得懂的话，如果这些道理能够用生动的故事讲清楚，就建立了作者与读者之间或者老师与同学之间亲密的关系（Rapport）。那样的话，读书、学习的过程就会变成一种享受，读者拿到书就会欲罢不能，学生听课也不会开小差。

第三，尤其宝贵的是，本书所论述的褚老经营原则，其实都存在强大的“对立面”。也就是说，这十四条道理虽然看起来都是常识，甚至是“废话”，乃至“你不说我也知道”，但实际上如果仔细思考，这些道理的对立面其实有不少人在相信、在践行。比如，第一条说“做企业就是要盈利”，但是近年来有很多人宣称“亏损没关系，只要股价上涨就行”；再如，第二条说“企业要通过做好产品来盈利”，但是有很多人实际上在靠“讲故事”、靠PPT让自己获得现金流；再如，第十条说“劳动积极性只有和自身利益挂钩才有持久性”，可惜近年来太多人宣称用其他方式来激励员工、上下同欲，却忽视了最基本的手段；还有，第十四条说“只要不放弃，一切总会好起来”，但是我却看到众多企业经营者一方面宣称自己非常敬佩褚老，另一方面却在遇到挫折时怨天尤人，陷于唉声叹气中不能自拔。如果用学究气的话来说，这十四条道理其实在学术研究上都是“可证伪的”，并非“废话”，完全可以激发出有深度的研究。

总之，这本书告慰褚老波澜壮阔的经营生涯，把常识讲得很生动，我认为值得为之欢呼！

马　力

北京大学光华管理学院副院长、EMBA 中心主任

2024 年 6 月 13 日于北京大学

序三
实践出真知

管理就是实践，实践是我们最伟大的老师。近200年来，那些名垂青史的管理学经典著作都直接或间接来自优秀企业和优秀企业家的管理实践，像法约尔的《工业管理与一般管理》、巴纳德的《经理人员的职能》、德鲁克的《管理：任务、责任和实践》等，法约尔和巴纳德是他们那个时代的优秀企业家，而德鲁克则和斯隆等同时代的优秀企业家交往甚密，他们的管理学著作之所以经久不衰，关键在其内容来自优秀企业和优秀企业家的管理实践。

华夏基石的定位是一家研究咨询公司，不仅要通过最优咨询服务为全球企业的成长和发展创造价值，而且要通过系统研究、深度剖析企业的成功案例，总结、提炼优秀企业家独特的经营智慧和管理思想。从10年前开始，华夏基石就开始组织人员对欧美和日韩的顶级企业的最优管理实践和著名企业家的管理思想进行研究，截至目前，已经完成近50家顶级企业的最优实践及企业家思想研究，出版了《苹果》《三星崛起之道：东方式管控+西方式变革》《微软》等近50种图书，相信这些研究会对中国企业家和管理学者认识西方管理、掌握西方管理的精髓大有裨益。

西方的管理思想以及西方企业的优秀实践会给中国企业的经营带来启发和借鉴，但不一定完全适合中国企业，中国企业更不能生搬硬套直接移植，正如德鲁克所讲，中国企业的管理问题，需要中国的企业家和管理学者在中国特色的制度环境和文化环境下，通过大量的创造性实践来解决，只有在中国特色的制度环境和文化环境中产生的管理思想和最优实践，才能够真正用来指导中国企业解决现实中的管理问题，这是一个艰苦卓绝但必不可少的过程。

改革开放40多年来，中国涌现出一批世界级的优秀企业和企业家，如褚时健、任正非、张瑞敏、王石、何享健、董明珠、雷军等，这些中国企业家不但带领企业在不同领域创造了非凡的经济成就，而且沉淀出了中国式的管理智慧，这种在中国的土地上成长起来的中国式管理智慧是天生适合中国制度环境和文化环境的，带着中国的文化自信和民族自信，是中国企业家贡献给世界的重要的原创思想财富。中国式的管理智慧对于丰富世界管理思想，对于中国经济乃至世界经济的下一步发展，都将起着重要的作用。如果说过去，中国企业家和中国企业对世界的贡献主要是GDP（Gross Domestic Product，国内生产总值），那么未来中国企业家和中国企业对世界的贡献，除了GDP，还有最优管理实践和原创管理思想。

鉴于上述认识，华夏基石从2023年开始启动中国本土企业家管理思想和最优实践研究，准备挑选50个中国优秀的企业家和优秀的企业，对他们的原创管理思想和最优管理实践进行研究和提炼。

褚时健先生是中国改革开放以来最早涌现出的杰出的企业家之一，褚时健以他的卓越实践成功把一个濒临倒闭的企业打造成亚洲烟王，十几年累计纳税近千亿元，不仅如此，褚时健还在70多岁时再次创业，在一个穷乡僻壤的地方用十几年时间打造出了一个致力于使用现代农业技术和标准化管理体系的农业企业——褚氏农业，褚橙无论是质量还是产量、产值，在全国范围内都得到了广大消费者的认可。褚时健在生前成功帮扶过很多企业，帮扶一个成功一个，这也成为褚时健的标签。褚时健能够帮扶一个企业就成就一个企业，这中间一定蕴藏着奇妙的管理智慧。本书是华夏基石系列研究中国优秀企业家管理思想图书的第一本，相信其翔实的资料、深刻的洞察和富有逻辑性的分析，能给大家带来与众不同的阅读体验。

彭剑锋

中国人民大学教授

华夏基石管理咨询集团董事长

序四

总结自身经验，增强管理自信

近年来，市面上出现了很多关于父亲的书籍和文章，阅读量也很大，这些书籍和文章多是从企业家精神的角度来解读父亲的，而从企业家思想的角度来解读父亲的书籍和文章还很少。其实，在我看来，父亲的管理思想同他的企业家精神一样精彩，一样值得深度挖掘和学习借鉴。

父亲一生直接管理过三个企业——戛洒糖厂、玉溪卷烟厂和褚氏农业有限公司（以下简称“褚氏农业”），间接指导和帮扶的企业有十几家，如蓝鹰纸业、红河卷烟厂、延安卷烟厂、涪陵卷烟厂等。无论是直接经营还是间接帮扶，无论是糖厂还是烟厂，无论是在云南还是在其他地方，也无论是在计划经济时期还是在市场经济时期，无论到哪个企业，他都能够准确地找到影响企业发展的关键点，把握好企业的脉搏，快速而有效地将企业扭亏为盈，要做到这些，仅依靠企业家精神是不够的，我认为，父亲对企业及企业管理的理解和思考，他独到的管理思想，起到了更为重要的作用。

父亲的管理思想都是一些听上去朴实的大白话，诸如：做企业就是要盈利，企业要通过做好产品来盈利，好产品一定要同时做到高质量和低成本，技术是打造好产品的第一要素，好产品一定要有好原料、好产品一定要让产业链的每一环都受益，用标准化的手段打造好产品，敢于放权、不揽权，等等。这些大白话看上去很朴素，却是大巧不工，经得起实践的反复验证，具有一力破千钧的力量。这些思想不仅在烟草行业管用，在制糖、造纸、农业领域也管用，我相信，父亲的思想可以应用于大部分行业、大部分企业。而且，正是因为父亲的管理思想比较朴实直白，对于大部分企业经营者来讲，才更容易理解，更易于推行。

父亲的管理思想从哪里来？肯定不可能是与生俱来的，也不是从管理课本里学来的。父亲只读了高中，而且并未毕业，工作以后也从未接受过正统的商学教育，更没有喝过洋墨水。祥伍说父亲的管理思想来源于滇越铁路，来源于个旧锡矿，甚至追溯引申到法国的法约尔，这种想法我持保留意见，当时法国人管理下的滇越铁路和个旧锡矿确实给了父亲最早的管理启蒙，但仅此而已。我个人感觉，父亲的管理思想，更多地来源于他的人生体验和感悟，来自于他小学时酿酒的经验、中学时做生活委员的经验、年轻时期做连队指导员的经验、做征粮组长的经验等，丰富的人生阅历成了他的宝藏，大量的管理实践才是他管理思想的源头。父亲喜欢看书，但是他从不迷信书本，他喜欢向欧美学习，但从不崇洋媚外，他更重视实践，可以说，父亲是实践出真知的典范。也正是源于实践，父亲的管理思想才更扎实和接地气。

我自己也在经营企业，这几年一直在思考，工业革命以来，西方在经济发展的同时出现了大量的企业管理思想，日本在经济发展的过程中也涌现出了几位世界级的管理大师，中国改革开放40多年，把世界人口最多的国家的经济从一个较低的点飞速提升至世界前列，经济成就举世瞩目，中国企业家在管理方面一定也有不少独创的、可以比肩世界的管理思想，而且这些思想产生于中国特有的文化环境和管理实践，对中国企业的管理更为有效、更有借鉴意义，对于世界管理思想库也是一种贡献。中国企业家的这些管理思想是中国经济在高速发展的同时积累下来的宝贵财富，是中国企业家群体自信、自尊的原点，也是中国经济发展至高位之后更进一步增长的基础……应当好好总结。

祥伍与褚氏农业的合作已经三年有余，这期间他对总结父亲的管理思想有着极大的兴趣，这与我的想法正好不谋而合。三年期间，我们进行了多次长时间的深入交谈，他也查阅了大量的相关资料，特别是对周桦写的《褚时健传》，更是看了又看。本书中所引用的资料是确凿的，以此做出的解读，也颇有见地，相信对于从事企业管理的朋友，应该会带来很多共鸣与启发。

期待未来能发掘更多的有关父亲管理思想的书籍和文章与读者见面。

褚一斌

云南褚氏农业有限公司总经理

前言

如果找一个中国式的稻盛和夫，我感觉非褚时健莫属。褚时健一生经营过三个企业——戛洒糖厂（原曼蚌糖厂）、玉溪卷烟厂、褚氏农业，其中玉溪卷烟厂在20世纪90年代超越日本烟草公司，成为当时的亚洲第一，褚氏农业的橙的质量和亩产均超越美国著名品牌——新奇士橙。褚时健少年时期经营过酒坊，曾经出手帮扶过的涪陵卷烟厂、延安卷烟厂等企业，没一个不成功的。

在褚时健的人生中，似乎没有经营不好的企业，只要给他足够的时间，他就能把一个企业做好，战争、动乱、牢狱、年龄、疾病等，都不是约束。在大部分人的经验中，经营好一个企业是偶然，但到褚时健这里，成功运营一个企业成为一种必然！为什么？除了经常讨论的企业家精神层面的因素之外，褚时健经营的企业之所以能够成功还与褚时健的方法体系有关，就像京瓷、KDDI、日航的成功与稻盛和夫的“经营十二条”有很大关系，就像当年法国的布利萨克煤矿、德卡斯维尔矿井、朱得莱维尔矿的成功与法约尔的“十四条管理原则”有很大关系一样。

褚时健的经营十四条，不是褚时健自己总结出来的，是在他一生的经营活动中反复实践证明过的，是褚时健儿子褚一斌和笔者长时间反复讨论总结出来的。经营十四条指出了经营企业的十四个关键点和褚时健处理这十四个关键点的原则，遵循这十四条，并不能保证企业取得绝对成功，但是可以帮助企业避开大部分的误区，大大提高企业的存活率，如果管理者同时是一个有企业家精神的人，外部环境又不是太恶劣，遵循褚时健经营十四条几乎可以使成功成为一个大概率事件。

王祥伍

2024 年 6 月

目 录

第一条

做企业就是要盈利

不盈利、不能创造经济效益或社会效益的企业，就没有存在的价值。

在褚时健眼里，盈利是企业的根本目的，是企业的本分。用他自己的话讲：做企业不挣钱，那你做什么？这是本分和天职，对不对？不盈利、不能创造经济效益或社会效益的企业，就没有存在的价值。褚时健经营酒坊的时候就深知这一点，酒坊赚不赚钱，决定着家里的日子能不能过下去，决定着弟弟妹妹能不能上学，妈妈把酒坊交给他，也就是把一家人的命运交给了他，如果他没有经济效益的概念，没有盈利意识，把家里土地的主要产出——苞谷都投进去却赚不了钱，随之而来的就是灾难，就是饥饿和死亡，他知道赚钱就是酒坊的使命，就是设立酒坊的初心。在糖厂的时候，他也明白，政府之所以自己成立糖厂是为了给地方财政带来税收，政府要用国营企业的利税去支持政府的教育、医疗、卫生、交通等其他公共事业，国营企业如果不盈利，就像他去之前的糖厂那样，还要财政拨款，这个国家怎么能富起来？到烟厂的时候，他更加深刻地明白这个道理，利税贡献是烟草企业存在的最主要依据。褚时健认为，“做企业不是为了钱”这句话简直就是最大的假话，做企业就是要盈利。

在褚时健眼里，盈利是企业的根本目的，是企业的本分。用他自己的话讲：做企业不挣钱，那你做什么？这是本分和天职，对不对？不盈利、不能创造经济效益或社会效益的企业，就没有存在的价值。

三次刻骨铭心的盈利体验

褚时健对于“做企业就是要盈利”的最早体验，应该是15岁那年接手家里的酒坊。褚时健15岁时，他父亲在做生意途中被日本人的飞机炸成重伤，随后不治而亡。作为家里经济支柱的木材生意做不成了，原来作为家庭副业的酒坊开始成为家里主要的经济来源。褚时健家里有几亩水田和十几亩旱田，水田自己种水稻，旱田租给其他人种苞谷，租田的农民没钱交地租，交上来的都是苞谷，父母通过酒坊把苞谷做成酒拿到集市上卖，以此作为家里的重要经济来源。父亲去世后，家里连酿酒的师傅都请不起了，田里、家里只有母亲一个人顶着，实在忙不过来，作为长子的褚时健，为了不让母亲过分操劳，就主动担起了打理家中酒坊的任务。

褚时健接手酒坊时，深知酒坊对于他们家的意义，家里除了主食之外的日用开支，小到油盐酱醋、穿衣戴帽，大到弟弟妹妹上学的学费、一家人寻医看病的费用，都依仗酒坊的收入，如果酒坊赚钱，家里的日子就能过下去，如果酒坊不赚钱，就意味着一家人的生活会非常拮据，到时候不但可能弟弟妹妹上不成学，而且连吃饱穿暖都可能成问题。所以褚时健在做酒的时候，并不是像很多人那样，只是应付了事，把苞谷酿成酒就行了，褚时健想的是要通过酒坊为家里、为母亲和弟弟妹妹赚到足够的钱，改善他们的生活。经过褚时健的不懈努力，家里的酒坊比父亲在时管理得更好，酒坊的收入支撑起了一大家人的花销，家里的经济状况并没有因为父亲的去世而变得难以为继，弟弟妹妹依然能够上得起学，母亲的担子也因为褚时健而减轻了很多。褚时健在酒坊第一次深刻体会到赚钱的意义。

曼蚌糖厂是褚时健第一次真正意义上运作一个初具规模的企业，曼蚌糖厂的经历让褚时健更加深刻地理解盈利对于企业的重要性。在褚时健去曼蚌糖厂之前，糖厂连年亏损，每年亏损十几万元，是新平县政府沉重的财政负担，每年年终，糖厂的厂长最头疼的事情就是怎么写报告，向县政府要钱补亏空，而政府主管部门最头疼的事情就是从哪里找些钱给糖厂。当时新平县县委书记是褚时健的老朋友，知道褚时健是个能人，他把褚时健派到糖厂做副厂长也是真心希望褚时健能够帮助政府把糖厂经营好，至少帮政府减轻些负担。褚时健深刻理解政府部门的苦衷，他也明白，政府之所以自己成立糖厂，一是为了保障国家战略物资的供应，二是为了给地方财政带来一些税收，政府要用国营企业的利税去支持政府的教育、医疗、卫生、交通等其他公共事业，国营企业如果不盈利，就像他去之前的曼蚌糖厂那样连年亏损，每年还要财政补贴企业的亏空，这个国家怎么能富起来？

在玉溪卷烟厂，褚时健用“前无古人，后无来者”的巨大盈利说明了一个盈利的企业能够给社会、给国家做出什么样的贡献，而不盈利的企业是一个什么样的下场。当时中国很多地市都有卷烟厂，但是大部分地市级的卷烟厂效益都不好，很多烟厂长期亏损，成为地方财政的沉重负担，改革开放不久，中国大量地市级烟厂出现了倒闭的现象。而玉溪卷烟厂在褚时健的领导下，用17年的时间，为国家创造的利税总额高达991亿元，带动了蓝鹰纸业等上下游企业的发展，带领了通海、江川等近百万农民致富，使大营街成为云南省最富裕的村庄之一，同时还帮扶了红河卷烟厂、延安卷烟厂、涪陵卷烟厂等一批企业，投资了昆玉高速、澜沧江电站开发等诸多影响深远的公用事业。

褚时健认为，做企业就是要盈利。特别是烟草企业，利税贡献是烟草企业存在的最主要依据，是政府财政收入的重要来源，如果一个烟厂不能给政府贡献利税，那么政府还要它何用，不如直接关闭算了。

企业要盈利，管理者首先要学会算账

在褚时健眼里，经营任何生意想要盈利，管理者必须首先要学会算账，这个账不是事后由财务部门算的，而是事前由企业家自己估算的，不一定特别精确，但一定大致正确。做任何决策之前，都要算算这项决策实施下来会产生多少成本、带来多少收入，会对利润产生什么样的影响，多久、多大程度的影响，不然的话，稀里糊涂做事，企业亏损都不知道亏在哪里。

褚时健13岁就开始帮助父亲算账。他的父亲是一名为个旧锡矿供应木材的商人，父亲有时候进山收木材，如果碰到褚时健正好周末在家，父亲就会扔一把尺子给他并说："走，和我进山去。"褚时健能帮父亲的地方很多，如丈量木材、搬挪装运、分类算账，特别是算账，父亲发现儿子心算比自己快，每次儿子跟着进山，活儿就会干得又快又好。

15岁，褚时健主持家里的酒坊时，开始独立算账，他会随时用本子把一些数字记下来，比如700斤苞谷原料，大概要烧1500斤柴，两斤半苞谷大概出一斤酒，苞谷大概多少钱、柴火多少钱，酿出的酒卖多少钱、请小工挑到集市花多少钱，他都一笔一笔记好、算好。大概是因为当年认真，即便年过80岁，褚时健还清晰记得这些数字。"搞物质生产，就是消耗要低，质量要好。成本核算和产品质量都非常重要。不管什么事，你要先搞懂才做，不懂的事，先向别人学习。不然，你亏本了都不知道为什么。"

上中学的时候，褚时健因为擅长精打细算而被老师和同学选作生活委员，专门替同学们管一日两餐。当时学校的制度是学生自己管理伙食，学校的事务主任每周把学生的伙食费收上来，余下的收支记账、采购原料的事情都是生活委员负责。同学们认为褚时健很聪明且办事效率高，就推荐他做生活委员。褚时健当生活委员之前先去市场晃了几天，到处看、到处问。同学们问他到市场晃什么，褚时健说看看哪里的米好、哪里的米价格便宜。褚时健发现以前同学们吃的米要么是泡过水的，要么是被添了白石粉的，他还发现昆明市场的大米价格每天变化很大，早上人少、米好、价格低，中午价格就高一些，下午米的质量就差一些。于是褚时健就在每周收到伙食费之后，第二天一大早就赶往市场，趁着米好价格低的时候一次性买够一周所需的大米，同样的钱，买到的米的数量是中午时买的两倍多，而且米质好。褚时健当生活委员的时候，学校的食堂很受欢迎，米好、量足！当他想要退下来歇一歇的时候，大家都不同意，刚卸任几天又被同学们推选上来！

从效益出发才能抓住经营的牛鼻子

刚到曼蚌糖厂时，褚时健虽然之前在红光农场用土法做过糖，但对于较大规模的机械化制糖，基本上还是一个门外汉。但是，褚时健经过一个多月的访谈、观察、计算，很快就摸清了制糖的门道，并找出了曼蚌糖厂多年来持续亏损的关键。经过反复地核证、推算，一个月后，褚时健把糖厂22个榨糖点的负责人聚在一起，开了个生产会，说出了自己的想法："我们为什么年年亏损？主要是因为成本核算没搞好。"他掏出一个小本子，给大家算了一笔账："现在100斤甘蔗才出9斤糖，1斤糖要5斤4两褐煤，9斤糖的总收入还抵不上100斤甘蔗和5斤4两褐煤的成本，再加上人工费、运输费、机器损耗费，我们不亏哪个亏？"糖厂的人当时都傻眼了，他们干了这么多年，一切都是稀里糊涂的。新来的副厂长才一个月就找出了亏损原因，牛！

找出了亏损的主要原因，解决亏损问题就不会太难，褚时健从提高甘蔗的出糖率和降低燃料消耗两个方向来寻找解决问题的办法，通过增加压榨滚筒的数量和提高温水洗糖技术，把出糖率提高；通过更换燃料，用甘蔗渣煮糖，把燃料消耗降低，不到半年，糖厂就摆脱了亏损。

褚时健作为一个门外汉，为什么能够快速找出亏损的原因，并快速解决问题？在他本人看来，并没有什么神奇的，一个人只要有经济效益意识，就会自然而然地关注企业盈亏，关注企业盈亏就会关注影响盈亏的各种因素，顺藤摸瓜，就会找到影响企业盈亏的直接原因和根本原因。不同的行业虽然具体的影响因素不一样，但大同小异，关键是要把经济效益作为思考经营问题的原点。

一次性的大支出要学会算细账

褚时健在玉溪卷烟厂花的第一笔大钱用于购买MK9-5型卷接机，当时每套卷接机的价格是261万元，几乎是天价，企业掏不出这么多钱，就要通过贷款来买。当时的很多人，包括厂领导班子成员，都认为，不如增加10台或20台“新中国”牌卷接机，更稳妥一些，因为一台MK9-5型卷接机差不多相当于60台“新中国”牌卷接机的价格。但是，褚时健让卷包车间的副主任乔发科当场给厂领导班子仔细算了一笔账：引进一台MK9-5，每分钟卷烟5000支，是以前的4倍；单箱卷烟耗烟丝90斤，以前是120斤，省烟丝30斤，按每斤2.5元计，一箱烟节约75元。各项算下来，使用这种机器后，如果每天生产50箱烟，每月将节约8.5万元。MK9-5可以增加过滤嘴，加上一个过滤嘴后，红塔山的价格会调高3角钱，从5角1分钱涨到8角1分钱，一条烟的售价能增加3元钱……乔发科最后给出了一个结论：如果使用这种机器，算上节约的成本和增加的收入，只要短短三四个月，就能还清贷款。听了乔发科的测算，大家没了争议，最后投票，一致同意褚时健的提议。

在1984年引进成套设备的时候，烟厂要花的钱更多，当时云南省能给玉溪卷烟厂的最大外汇贷款额度是1000万美元，褚时健准备足额申请。当褚时健和总工程师李振国赶往昆明参加申请会议时，听说很多企业害怕风险，不敢要太多贷款，贵州卷烟厂甚至放弃了自己的额度，昆明卷烟厂也将自己的额度降到80万美元，于是，按照计划划分的外汇贷款就多出了1 300万美元的额度。中午会议休息时间，褚时健把李振国拉出会场，走进附近一家小饭馆，说："老李，我俩马上算个账，我们把2300万美元贷款都要过来行不行。"没纸没笔，褚时健和李振国就一人一根筷子，蘸了碗里的米汤在桌上算账：如果追加贷款，能引进什么设备，能产生多少增收，玉溪卷烟厂如何还贷，需要多长时间……两人在桌子上写满了数字，当米汤汁铺满了大半张桌面时，两人离开饭馆回到会议现场，告诉主持会议的领导："我们追加额度，共申请2300万美元的贷款。"玉溪卷烟厂这么大的胃口让云南省委的领导都大吃一惊，计委的领导更是担心风险太大，迟迟不批。不过，褚时健心里的账已经算清楚，用2300万美元贷款引进企业急需的生产设备，短期可以增收节支还贷款，长期可以奠定玉溪卷烟厂在行业中的技术领先地位，无论大账小账，都是稳赚不赔的，他铁了心要争取到贷款。褚时健软磨硬泡四个月，最后给副省长和省计委立下了“军令状”：保证三年还清外汇贷款，利税每年增加1亿元。

这一次大规模成套设备的引进使得玉溪卷烟厂一下子在技术上领先全国。2300万美元的设备投入，当初每年增加1亿元的利税承诺，实际的经营效果是1987年上缴利税7.63亿元，较上年增长49.7%；1988年上缴利税11.9亿元；1989年上缴利税20.3亿元。事实证明，褚时健的账算得比谁都清，当时的2300万美元虽然是很大一笔贷款，投资先进设备却完全没有风险！

持续性的繁杂支出要学会算大账

相比两次大的设备引进带来大手笔支出，烟厂的“第一车间”建设则需要长期的、持续的、名目繁杂的各种支出。为了鼓励烟农按照烟厂要求的方式种烟，褚时健当时给烟农制定了几项政策，在烟农购买肥料、烟田修道路或水池水库、新建或改建烤房、购买所需薄膜、地膜、营养袋等方面给予烟农大量的优惠或资助。褚时健不断加大对烟农的补助力度，并想出很多种价外补贴的办法。

在对烟农进行大量补助期间，烟厂的不少管理干部很不理解，觉得补贴项目太多，补助费用过高，成本上不划算。褚时健给他们大致算了一笔简单的大账，立马让所有人茅塞顿开：国家收购烟叶一般是9元的平均价，但玉溪卷烟厂加上各种补助的收购价基本到了16元，特殊的高质量烟叶还能到一斤10元，各种支出汇总大概是其他烟厂的1.5～2倍。不过，因为玉溪卷烟厂的烟叶等级高、质量稳定，在市场端，玉溪卷烟厂平均一斤卷烟能卖到110元，而别的生产厂家一斤卷烟平均也就卖到20元，收入大概是其他烟厂的5.5倍。“我每付出一分成本，利润就会增加两三分，要不要给烟农补贴？哪个划得来？你们自己算算。”补贴烟农，简直就是一本万利！

关于补贴烟农的账，褚时健从另外一个角度给当时的财政部部长算过一次：烟厂给予烟农1元的补助，将会给政府财政带来5元的利税回报，如果财政部能够同意将烟厂对于烟农的补贴投入计入税前成本，那么烟厂交给国家的税收增长每年不会少于10亿元人民币。最善于算大账的财政部部长听了褚时健的算法，当时没有表态，第二天财政部以书面形式给了玉溪卷烟厂一个回复，同意将烟农补贴计入税前成本。

褚时健对于烟田基地的大量投入，使烟厂的原料得到了质量保证。烟叶的质量和数量得到保证的最直接办法，就是让烟农和烟厂密切配合。褚时健为此想了不少办法，宗旨只有一个，让烟农感受到烟厂是可靠的、可信任的。

褚时健当时面对烟农制定了几项政策：烟厂提供给烟农的肥料必须平价；凡属于烤烟种植过程当中烟田修的道路或者水池水库，一律由烟厂出钱；烤房的新建、改建也由烟厂相应给予适当补贴；烟农购买生产所需要的物资，如薄膜、地膜、营养袋等也均由烟厂出钱。要想种出优质的烟叶，选种、播种、施肥、加工等各个环节都要认真细致地做好。云南烟叶一直存在成熟度不够的问题，因此就必须早日下种，并延长烟叶生长期。但是，云南的雨季直到5月才到，因此为了帮助烟农早日下种，玉溪卷烟厂投入资金帮助农村修建引水工程。而云南的烟叶又多种植于山地上，山区道路不通畅，烤烟加工制作所需要的煤炭就需要长途运输，修筑公路也成了当务之急。早期的生产性补助，褚时健基本都用于兴建水利、修筑公路了，即所谓的水利、公路、科技“三上山”。这让烟农和基层政府都特别感激，这种投入不仅仅对烤烟种植有帮助，还对农民的整体农作和生活都大有益处。

褚时健知道，除了帮助建设基础设施，还必须让烟农得到切实利益，增加他们的收入、提高他们的生活水平，这样才能激发他们的种植积极性。褚时健不断加大对烟农的补助力度，甚至将卷烟厂的相当一部分利润也拿出来作为补助发放给广大烟农。1986年，褚时健给烟农的补助是281万元；到1992年，这个数字已变成3.6亿元；1995年则更是突破10亿元大关。

不仅补助金额大幅增加，补助的项目也从改善生产条件扩大到提高烟草价格。但是烟草由国家统一定价，个人或企业不能私自调价扰乱市场。为了解决这个问题，褚时健想出了一个价外补助的办法：按照国家定价从烟农手中将烟叶收购之后，在年底又按照烟农卖烟的合同对烟农进行额外补贴。为了鼓励烟农多生产优质烟叶，褚时健对上等烟叶的奖励尤其多。褚时健的补贴多种多样，不仅是货币上的补贴，还采用发放化肥、薄膜等生产资料的方式补贴。

实际上，那时玉溪卷烟厂并不是很富裕，开始建立“第一车间”的前一年，即1985年，玉溪卷烟厂的利润还没有超过5000万元人民币。但褚时健的经济账算得非常精准，这些投入实际上是值得的，当烟叶的产量和质量都大幅提升后，生产出来的优质香烟的利润将大大超过投入。

会算账才能产生洞察力并做出超前的判断

1988年褚时健和副厂长乔发科在《云南烟草》上发表了一篇文章，里面有这么一段话：“我们主张，优化滤嘴烟和名优卷烟在我省卷烟中的比例，是云南卷烟工业发展的首选目标。”当然，这也是褚时健心中玉溪卷烟厂的首选目标。褚时健与乔发科提出这个观点，是基于对1988年玉溪卷烟厂的红塔山、阿诗玛、红梅三种烟利税贡献的比较：1988年在产量上，红塔山是19万箱，阿诗玛是25万箱，红梅是40万箱；在单箱利税上，红塔山是3709.72元，阿诗玛是2920.90元，红梅是1411.45元；在单箱利润上，红塔山是602.09元，阿诗玛是337.03元，红梅是335.55元。从数据中就会发现，红塔山尽管产量最小，但在单箱利润和单箱利税上遥遥领先于阿诗玛和红梅。看到这组数据后，褚时健毫不犹豫地开始扩大红塔山的产量。这一决策的效果在三年之后开始持续显现：1991年，红塔山单品牌利税达到25.5亿元；1992年上升为32亿元；1993年继续上升，达到了45亿元，创汇1.5亿美元。等别的对手反应过来也开始调整产品结构的时候，玉溪卷烟厂已经遥遥领先。

褚时健用他自己的算法，常常得出别人好多年后才看明白的结论。

培养合格的经营者，先从学算账开始

在玉溪卷烟厂期间，大家很怕和褚时健坐同一辆车，褚时健打发路上时间的方法就是盘问各种数字，大家形容褚时健脑子里有一台高配置的计算机，一块烟田的产量是多少，一年在施肥投入上给烟农多少补贴，一块田一年能收购多少烟叶，烟厂的收入是多少，利润是多少……从头到尾，褚时健能气定神闲地坐在座位上靠心算就给同事们算出来。玉溪卷烟厂的很多管理干部，褚时健的很多得意弟子，都是在褚时健多年的数据盘问中成长起来的。

为了培养下一代的经营意识，褚时健总在有意无意影响李亚鑫（外孙女婿）和圆圆（外孙女），有时和他们一起出门吃饭时，他总要和这两个小辈粗略地算上一笔账，菜价、客流、房租、工资、原料，看看小店挣不挣钱。圆圆和李亚鑫从加拿大留学回来后曾经想做电影院的投资，因为在加拿大习惯了去电影院看大屏幕电影，回到玉溪后发现，不仅玉溪，连昆明都还没有IMAX（巨幕电影），两人就想在玉溪投资一家电影院。褚时健一点儿不排斥他们的想法，相反搬了椅子和两个人一起坐到桌子边，在纸上把电影院的客流量、一张电影票的分成、电费、人工、装修、五年的折旧，林林总总全部算了一遍。最后三人得出结论，在玉溪投资一家电影院是完全能挣钱的，褚时健也愿意拿出钱来入股。只不过后来两人因为加入褚橙事业而没有付诸实施。

一个企业家，无论在什么行业，无论经营多大规模的企业，都要有经营意识和绩效意识，都要在决策时学会算账。一项决策，需要投入多少资源，能带来多少收入，从利润的角度看，值不值得做，都要有一个认真的考量，且需要企业家自己去考量，有时候也需要类似于总工程师、车间主任、总经济师、总会计师的帮助。但是，最主要的，是企业家自己的经营意识，企业家要把企业效益作为考虑任何问题的原点，从原点出发，合理使用、调配企业所拥有的资源，不能带来效益的投资，哪怕再小，都是一种浪费；能带来效益的投资，哪怕投入再大，有时候甚至需要贷款，都不需要过分担忧，都可以大胆地投资。始终保持绩效意识，常常能使一个管理者富有远见和洞察力，能够看到别的管理者看不到的长周期的回报，能够看透纷繁复杂的利益关系中的关键。

企业家有卓越的绩效意识，企业才可能有卓越的绩效。

第二条

企业要通过做好产品来盈利

产品的第一要素是质量，第二要素还是质量，第三要素依然是质量。

做好产品是褚时健小时候就形成的根深蒂固的信念。褚时健的老家在云南省玉溪市华宁县矣则村，滇越铁路在离村子不远的地方路过，并在禄丰设置了一个比较大的火车站。褚时健的爷爷在滇越铁路上谋到了一份做安保的工作，他的父亲也经常乘坐滇越铁路上的火车到个旧做生意，为个旧的锡矿供应木材。所以，褚时健小时候经常在滇越铁路边玩耍，有机会乘坐滇越铁路上的火车，在滇越铁路上，褚时健第一次见识了铺设整齐的米轨铁路，见识了铁路上行进的漂亮的米其林动车，见识了动车上精致的食品、香烟等商品以及精致的商品包装。褚时健身边有一个精致的食品包装盒一直舍不得扔，这个盒子是他在滇越铁路边捡到的。这些小时候耳濡目染的东西，深深扎根在褚时健的内心深处，他认为理想的美好世界就应该由各种各样美好的事物组成，就像米其林动车以及米其林动车上的精致商品一样。

在经营糖厂的时候，褚时健带领大家生产出了优质的红糖，在20世纪60年代，优质红糖作为一种紧俏物资，甜蜜了很多人的生活；在经营烟厂的时候，玉溪卷烟厂生产出了比美国的万宝路、骆驼牌香烟更好的红塔山系列香烟；种橙子的时候褚时健种出了人人都爱吃的优质冰糖橙。无论什么时代，无论什么行业，生产好产品的企业总是能够得到社会的认同，总是能够找到自己的生存之地。现在很多企业关注经营模式和组织建设更甚于关注产品，在褚时健的眼里，无论如何优化经营模式或组织结构，最终目的都是向社会持续地提供好产品，否则，就是舍本逐末。

企业要盈利，不能靠坑蒙拐骗，不能靠违法打擦边球，这些方式不会被社会所允许，也不能持久。企业唯一光明正大的、持久的盈利方式，就是持续地向社会贡献好产品（好服务也是一种好产品）。为什么？因为只有好产品才能使企业的所有利益相关主体受益，才能得到企业所有利益相关主体的支持。好产品能够帮助客户改善生活品质，能够帮助客户实现美好生活的愿望，所以客户愿意买单；好产品能够让创造好产品或好服务的员工“兜里有钱，脸上有光”，大家有持续做好产品的意愿；好产品能够让产业链的上下游合作伙伴赚钱，有发展前途，大家愿意跟着干；好产品能够让股东有持续稳定的投资收益，资本愿意投进来……

美好世界是由美好产品组成的
——米其林动车带来的遐想

褚时健虽然出生于一个偏远山村，但在童年时期，他是见识过真正的好产品的，而且是世界级的好产品——米其林动车。

1910年，滇越铁路全线通车后，铁路沿线的乡民算是眼界大开，各种各样来自外面世界的好东西不断给乡民带来强烈的震撼，其中影响最大的莫过于米其林动车。

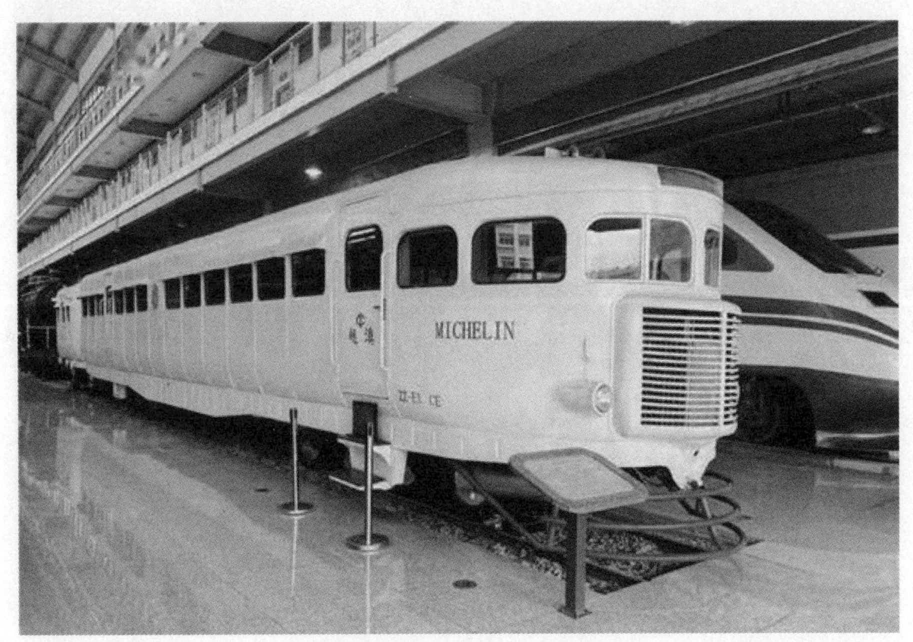

▲被称为“白色的神行太保”的米其林动车

米其林内燃动车组由法国制造，1914年起在滇越铁路上使用。这辆充满着传奇色彩的动车，是当时世界上最先进的内燃动车。为什么叫作米其林动车呢？原因就在于这辆动车的车轮不是常见的钢轮，而是米其林公司的橡胶轮。

米其林动车上的橡胶轮胎可以自动充气。在动车转动轴上安有气压表，与驾驶台示警器连通，当轮胎气压降至500帕斯卡时，示警器响铃示警，空气系统即自动充气，向轮胎供给规定的600帕斯卡气压。自动充气系统发生故障时，也可人工充气。

▲米其林动车的橡胶轮胎

如果说滇越铁路是一个技术博物馆，那么，米其林动车则是一个好产品博物馆，米其林动车向当时的褚时健和他的同学展示着世界上最美好的产品：宽敞美观的车厢、速度飞快的车轮、精致的餐具与茶具、柔软舒适的座椅、香味诱人的咖啡与红茶、包装精美的香烟和小食……

如今陈列在云南铁路博物馆内的米其林动车，犹如一位退出影坛多年的明星，昔日的光环与荣耀已被岁月洗尽，但依然丰姿绰约、光彩照人，为我们讲述着那段悠远的岁月和它华贵与自豪的一生。

米其林动车在幼年的褚时健心里打开了一个崭新的、美好的世界，这个世界始终在召唤着他，他的一生都在努力参与创造这个美好的世界。

▲米其林动车里的精致物件

好产品给企业带来好收益

褚时健第一次感受到好产品的益处，是在曼蚌糖厂，当时还有点意外。

曼蚌糖厂在褚时健过去之前一直用土法熬制红糖，质量一直不过关，不是煮过了颜色太深，就是蒸发后的结晶体太硬，打也打不烂。一级品率一直不到15%，大部分红糖只能达到二级品、三级品，而且三级品居多。当时红糖都由供销社统一收购，不同的品级收购价格也不同。红糖品级低，卖的价格就低，企业因此连年亏损。

有一次，褚时健去峨山县化念镇的一家白糖厂开会，发现这家白糖厂在用真空密封蒸汽罐煮糖，糖水加热到68摄氏度就沸腾了，比曼蚌糖厂原来的煮糖方法更能节省燃料，褚时健决定换蒸汽罐煮糖！

第一锅蒸汽罐煮的红糖出来后，褚时健和工人们意外地发现，红糖不仅结晶体大，而且颜色黄澄澄的。“太漂亮了！比一级品还要棒！”多年后回忆起当时的情景，褚时健依然非常激动，仿佛当年的上好红糖就在眼前。这次偶然的发现，让糖厂的盈利情况大大改善，耗能减少是一个原因，另一个原因是质量提升而使收入增加，一级品和二级品及三级品的耗能、耗工和耗材是一样的，但是国家收购的价格差别是巨大的，差价全是利润！

褚时健原来只是作为一个旁观者、一个消费者向往好产品，感受到好产品能够给消费者带来美好的生活体验。作为经营者，他还是第一次感受到好产品带来的巨大好处：厂里的利润一下子提升了很多，而且这种提升比过去的单纯靠节省能耗、节省原材料要有效得多，空间要大得多。从此以后，糖厂有钱发足月工资了，厂里的员工再也不用为了多挣钱而跑去其他地方打零工了。他对于好产品的渴求，从糖厂开始，一发而不可收。

做企业如果产品不好就是一种耻辱

在褚时健的观念里，产品的第一要素是质量，第二要素还是质量，第三要素依然是质量。“谁愿意花钱买差的东西？”一件好产品在他看来，的确太重要。一个企业，如果做不出好产品，那就是奇耻大辱！

褚时健到烟厂后，很快就遇到了两次产品质量问题。

1980年年初，云南省召开了一次大规模的香烟评吸会。参加评吸会的除了政府相关部门的负责人、全国烟草公司的负责人外，还有来自全国各地的糖烟酒公司代表。这些糖烟酒公司代表通常会成为评吸会上烟草公司未来的客户。因此参加评吸会、争取订单成为各个烟草公司确定下一年度生产任务和利润的重要依据。每个烟草公司都会将最好的产品带到评吸会上，让烟草评吸专家评判。

通常香烟评吸会评吸香烟质量好坏有11个指标，分别是香气韵调、香气质、香气量、协调性、浓度、劲头、刺激性、湿度、干净度、回味、杂气。在评吸会的现场，评吸专家通过点燃、吸食之后感受到的香烟带给人精神和生理上的愉悦程度来评判香烟质量的好坏。同时，烟叶的质量、所用纸张的质量以及消费者的喜好等也是影响评吸打分的因素。

褚时健非常重视这次评吸会。他从厂里产量最高的红梅烟中精挑细选了一部分去参加评吸会。现场的十多名专家在评吸红梅时，只吸了一口就给出了评语：烟丝质量差，长短不一，烟梗较多；烟叶的成熟度不够，缺乏烟草固有的香气；卷烟用的纸张很劣质，轻轻一按就裂开；包装箱又薄质量又差。

这次评吸会对好强的褚时健来说是一次痛苦的经历，专家对于红梅烟的评价深深地刺伤了他的自尊心。从小时候在村子里看见精良的米轨和米其林动车，甚至小小的铁皮饼干盒，到在糖厂用带领工人自力更生改造出来的榨糖机制出的特级红糖，褚时健知道什么是好产品，他怎么能让自己经手的产品在这样的场合遭受如此差评呢?

就在同一年，褚时健又遭受了来自市场的另外一次羞辱。

褚时健听说云南昆明卷烟厂的“大重九”香烟在广州很受欢迎，于是他带着玉溪卷烟厂的红梅和红塔山来到广州，希望打开广州的市场。云南香烟在广州的确很受欢迎，但也只限于昆明卷烟厂的大重九。在广州，每当褚时健掏出红梅和红塔山给人让烟时，对方抛来的目光都显得很轻视，并且说“这个烟我们很少抽的”。

褚时健打算用香烟到广州著名的友谊商店换一些外汇券，以便在广东采购制烟需要的进口高级辅料。于是，褚时健就留下一些红塔山和红梅让友谊商店的售货员和顾客试吸，希望谈成一笔买卖。但当他再次进入商店时，却发现自己留在商店里的香烟全被扔到了地上，商店售货员和顾客根本就没有人正眼瞧这两种香烟，更没有人愿意吸。那些横七竖八地散在地上的香烟再次深深刺激了褚时健。

好产品能够让各个利益方都满意

1980年的两次经历，深深刺痛了褚时健，但是他也知道，只有通过好产品才能找回尊严。

1980年之后的七年时间，褚时健通过现有设备挖潜、先进设备引进、员工工资改革、烟叶烟厂烟草三合一改革、第一车间开辟等重大举措，对关系香烟质量的烟叶种植、收割、烤制、自然醇化、制丝、卷接、包装等所有环节进行了全面升级，特别是耗时长但影响巨大的第一车间的开辟，使玉溪卷烟厂的烟叶质量和国内其他同行之间拉开了巨大的距离。因为烟叶有一个三年的自然醇化过程，褚时健从1985年开始试行的烟叶基地“第一车间”，到了1987年、1988年，一下子爆发了巨大的能量。玉溪卷烟厂的烟叶质量、数量储存令同行大吃一惊。据说全球著名烟草专家琼斯和左天觉当年打开玉溪卷烟厂醇化烟叶的仓库门时，惊呼：“太香了！”经过各种严格检测，琼斯和左天觉以国际专家的身份向国家烟草公司表示：玉溪卷烟厂的烟叶已经达到国际水平了。从国内专家嫌弃到国际专家认可，七年时间，终于让褚时健长出了一口气。

玉溪卷烟厂在市场上的表现更加惊艳，凭借着质量超群的好产品，1987年，玉溪卷烟厂的营业额、利润额、利税等硬指标，几乎毫不费力地成了行业第一，久负盛名的上海卷烟厂在不知不觉中被玉溪卷烟厂甩到了后面。1988年，红梅、阿诗玛、红塔山已经成为全国畅销的名烟。特别是价位较高的红塔山，常被人说，它让中国人抽烟的姿势也优雅起来。据当时玉溪卷烟厂的总工程师李振国说，1987年之前，在消费上引领中国潮流的广东人喜欢在“的确良”上衣口袋里装一盒万宝路，1988年以后，他们上衣口袋里的香烟变成了红塔山。

1988年，全国13种烟包括阿诗玛、红塔山、中华、云烟等名烟的价格放开，1989年，一些名烟开始滞销，紧接着在北京、上海等大城市刮起了降价风。褚时健却纹丝不动，他一再对烟厂有点着急的中高层干部说：“你们不要看别人，要看我们自己。我们的产品是好产品，质量过得了关，不愁卖！”褚时健的自信源于对玉溪卷烟厂产品质量的自信。

好产品让企业获得了利润，让国家收到了比以往多得多的利税，1987年，玉溪卷烟厂向国家上缴的利税为7.63亿元，较上年增长49.7%；1988

年，上缴利税11.9亿元；到1989年，这个数字成了20.3亿元。

好产品也让通海、宜良、陆良、江川、石屏等与玉溪卷烟厂合作的烟农们获得了比以往高出二三十倍的收入，万元户层出不穷。

在褚时健看来，只有好产品才能让各方都满意。

种橙子为什么最终选择冰糖橙

为什么认定了种橙子，种冰糖橙呢？褚时健心里是有数的。他觉得自己对土地种植有心得体会，做起事来有把握。除此之外还有一个原因，就是他认为云南的土地除了种植烟草天然适合，还特别适合种水果。这一点是他从当年在玉溪卷烟厂的烟草种植基地通海县观察得出的结论。通海不仅是云南的烟草种植大县，还是云南蔬菜水果的主要提供地。云南日照时间长，昼夜温差大，特别是新平境内的哀牢山山区，还有很丰富且干净的山泉水源。而且，最重要的一点是，“冬天没有什么时令水果，只有柑橘类算得上新鲜，橙子又算柑橘类价格较高的水果，储存时间也比较长”。

刚从监狱出来的一段时间，褚时健和马静芬在市场上买了许多柑橘类水果试吃，最后得出结论，不论是国外的新奇士还是国内的其他橙子，口味都不如华宁和新平哀牢山地区出产的冰糖橙好。“最主要的是这种橙子的口感不酸，又不是很甜，果香重。”这种从湖南引进的品种一直是按礼品类产品来种植的。价格也是其他品种的两倍以上，在2002年前后，这种冰糖橙的批发价就能达到2.5元一斤，属于档次比较高的水果。这一点符合褚时健“要种就种好东西”的想法。褚时健就此下了决心。

2002年，褚时健成立新平金泰果品公司，并为他的冰糖橙取了一个品牌名——“云冠”。刚刚加入公司的华宁人郭海东说：“你看褚老板取的名字，‘金泰’‘云冠’，一看就是要做大事的。有人说褚老板70多岁了还上山来种地，完全是为了打发时间，我看不是。”

其实褚时健的目标很明确，尽管刚踏入这个行业，但他不是简单把橙子种出来就完事了。他经常给手下人讲：“兄弟们听好了，我种的橙子，以后不是拿到菜市场卖的。”作业长王学堂一听就笑出了声：“褚老板，我们这是种果树，不拿到菜市场，拿到哪里卖？”褚时健一本正经地说：“我会让你拿到高档场所去卖，我们要做的是高端产品。”王学堂愣住了：“老板你真是开玩笑，种个橙子嘛，能高端到哪里去？你们城里人想法太多了。”褚时健笑了：“小王，莫多话。我们两个做好配合，你按我说的做，保证让你种的橙子卖得比肉贵。”王学堂继续嘟囔：“老人家你越来越说笑了，比肉贵？那人家不如去买肉吃。”褚时健拍拍他：“莫着急，我们走着看，相信我。”

王学堂当年的怀疑在不到10年的时间里就被褚时健变成了现实，现在褚橙的酸度、甜度、化渣率、外观等综合指标均达到了行业领先水平，其地位比美国的新奇士、澳大利亚的澳柑还要高，价格也在它们之上，而且销售上基本长期维持供不应求的局面，每年橙子都几乎在采摘后半个月的时间内就销售一空。优质优价的褚橙让本来生活网、百果园等销售渠道赚得盆满钵满，也让跟着褚时健种橙子的果农的收入大幅度增加，在不离家乡的条件下，夫妻农户每年平均收入将近15万元，做得好的夫妻甚至每年收入可达20万元，还不包括褚氏农业为他们免费提供的两室一厅的住房和近一亩地的私家菜园。除了作业长，基地主管的收入更高，厉害的基地主管年薪接近百万元。这些过去大家想都不敢想的事情，都在褚时健好产品的支撑下变成了现实。

第三条

好产品一定要同时做到高质量和低成本

好产品一定要能够让普通大众买得起，能够以合理的价格让普通老百姓买得到。

好产品一定要同时做到高质量和低成本。高质量、低成本是好产品的两个不可或缺的标志，也是企业管理者应该持续追求的两个根本性的目标，企业家头脑里应该始终紧绷两根弦，一是提高质量，二是节约成本。

褚时健在糖厂每天想的就是如何把出糖率提高一些，如何降低煮糖过程中的能耗，如何提高产品中一级品的比重。

在烟厂的时候，他整天想的也是两件事，一是如何提升玉溪卷烟厂的产品质量，改变原来烟厂产品的“辣、苦、呛”的状况，二是如何降低产品成本，提升设备、人员的生产效率。

在橙园，褚时健关心的依然是两件事，一是如何让橙子更好吃，酸甜度更佳，化渣率更高更可口；二是如何降低每斤橙子的综合成本，如何提高亩产量。

质量和成本是企业的任督二脉，只要打通这两个关键点，企业管理很快就会走向正轨，无论什么行业，都是如此。正是抓住了企业管理的关键点，褚时健到任何一家企业，无论原来熟不熟悉，基本上都能在很短的时间，少则半年，多则一年，取得明显的成效。当初褚时健在赴烟厂上任之前，给玉溪市委领导立的军令状，时间就是一年，可见他多有把握。

在一般人的眼里，好产品无非就是质量好、质量稳定，但在褚时健的眼里，好产品不只是高质量，好产品要同时具备两个关键特点，一是高质量，二是低成本。

低质量低成本的产品对社会来说价值不大，不能算是好产品。企业用宝贵的社会资源生产一些低质量的产品或服务，无论成本多低，都是一种浪费。随着人们收入水平的不断提升，在衣食住行各个方面都需要好的产品，好的生活是以高质量产品为基础的，虽然不能说高质量产品就是高品质生活，但低质量产品一定支撑不了高品质生活。中国经济发展的第一步是解决量的问题，第二步就是解决质的问题，把各行各业的产品从低质量提升为高质量，才能满足人们日益增长的物质文化需求。中国的水果产量已经足够中国人吃，但问题是，每年部分水果即使价格很低也卖不出去，而部分消费者需要的是高质量水果。

高质量高成本的产品对社会来说价值也不大，也不能算是好产品，因为高成本意味着只能高价格，意味着必须把大量消费者排除在外，只能让一小部分人享用到，不能惠及普通大众，产品成了一种奢侈品好产品一定要能够让普通大众买得起。

好产品一定要同时做到高质量和低成本。高质量、低成本是好产品的两个不可或缺的标志，也是企业管理者应该持续追求的两个根本性的目标，企业家头脑里应该始终紧绷两根弦，一是提高质量，二是节约成本。

褚时健在曼蚌糖厂的降本增效经验

1963年褚时健被派往曼蚌糖厂任主管生产的副厂长，这个厂是当地有名的老大难，连年亏损，换了多任领导糖厂都没有起色。褚时健到了糖厂后，并没有急于给出策略，而是先把甘蔗榨糖的各个环节都调研一遍，他一边调研一边算账。一个月后，褚时健主持召开了生产会，他算了一笔经济账：9斤糖要用近100斤甘蔗，48斤6两褐煤，而9斤糖卖给供销社的总收入竟然还抵不上甘蔗和褐煤的成本，而且还不算人工费、运输费、机器损耗费等诸多杂费。这样下去，生产越多亏损越严重。大家听后都感到诧异，他们当中的很多人在糖厂干了多年，但基本都是糊里糊涂的，只知道干活，哪算过经济账。

生产会后，褚时健提出了三项改进措施，都与降成本有关系。

第一步，敲锅垢。糖厂传统的榨糖流程是：在靠近甘蔗地的地方搭个窝棚，把简易的压榨机抬上去，把甘蔗榨出汁，再在土灶上支上几口锅熬煮。为了防止红糖煮煳，需要人不停地用棍子在锅里搅拌，等水熬干了，就制出红糖了。这种榨糖的方法是当地代代相传的土法，据说已经沿用了几千年，从未更改。褚时健注意到大多数工棚里煮糖的大铁锅由于长年在野外烟熏火烤，锅底四周被泥巴和锅垢糊了厚厚的一层，只有最底部的一小圈能够受热。他让工人们把锅垢敲掉，增加锅底的受热面积，从而减少了燃料消耗。

第二步，改灶、改燃料。糖厂的燃料一直是两种——褐煤和木柴。木柴是糖厂的高能耗燃料。山上的树是不能砍的，柴是当地老百姓做饭的主要燃料，能给糖厂使用的木柴很少而且价格很高。糖厂本来就亏损，也买不起太多木柴，所以就大量使用褐煤这种煤化程度非常低的低价煤作为燃料。褚时健在车间盯着锅炉看了半天，说了一句："是哪个开了褐煤这个头的？"他在生产会上给工人们解释，褐煤结构太松，往往没燃烧尽就全掉下来了。"你们昨天有没有看见我捅了好几下炉子？有没有注意那些没烧尽的煤全从炉条里掉了下来？1元钱买来，5毛钱都掉下来浪费了，糖咋能有利润？"

柴和煤都不理想，那烧什么呢？褚时健指指厂房外成堆的甘蔗渣："你们多看几眼就晓得了，天然的燃料！"工人们面面相觑：甘蔗渣？其实糖厂的甘蔗在工人看来已经算是充分利用了。甘蔗在榨完糖以后，因为还明显残留有含糖的水分，工厂会用来酿酒。尽管酒的品质非常一般，但总还是可以换一点点收入回来。褚时健还想怎么用呢？他要把甘蔗渣用做燃料。

但是，甘蔗渣毕竟还有残存水分，手一摸就知道轻易燃不起来。褚时健已经考虑过并且悄悄试验了几次。他让工人把甘蔗渣堆高，一层压一层，半个月后，甘蔗渣内部的温度就升高了，水分自然就蒸发了，大概要蒸发掉一半水分的时候，褚时健让工人把甘蔗渣放进炉子，一点火，一下就着了。榨糖厂，多的就是甘蔗渣，之后燃料就不是问题了。

第三步，加滚筒。加滚筒就是指把榨糖机的滚筒从3个增加到6个。原因是褚时健觉得甘蔗的糖分远远没有榨干净就被拿去酿酒或当燃料了，太可惜。他对工人说：“眼睛一看就知道没榨干净嘛，你看还是湿的，小孩子拿过去还能当糖嚼一嚼。”一根甘蔗伸进滚筒，“哗啦”一下就出来了，太快太粗，很多糖还没榨出来。褚时健让技术人员加上3个滚筒，分两组榨，3个滚筒一组。出糖率一下就从9%提高到10%。他又让技术人员加了一组滚筒，一共9个，这下出糖率接近理想数据了——超过10%。如今时光流转，现代化榨糖设备的出糖率已经高出很多，但在当年，要提高两三个百分点的出糖率，简直难乎其难。出糖率提高了，同样的原料，得到了更多的产品，相当于降低了成本，利润也就上去了。

褚时健到糖厂一年后，1963—1964财年，糖厂传出好消息：当年纯利润是8万元。曼蚌糖厂首次摆脱多年亏损的局面，第一次打了个翻身仗。

沿着降低成本这条思路，褚时健后来又对糖厂的蒸煮环节进行了一次改造，就是引进真空密封蒸汽罐来煮糖。这个经验是从峨山县化念镇的一家白糖厂学来的。他在化念镇白糖厂发现利用真空密封蒸汽罐煮糖，糖水加热到68摄氏度就沸腾了，而且几个蒸汽罐连着，可以让锅炉里的蒸汽反复使用，比曼蚌糖厂的煮糖方法更节省燃料。

真空密封蒸汽罐果然让燃料消耗大大降低，原来是1斤糖用5斤4两褐煤，改进后的工艺流程，1斤糖只消耗0.8斤褐煤，差不多只是以前的1/7，大大节约了成本。

而且，真空密封蒸汽罐煮糖，红糖的品级提高了，单价也相应提高了，再加上燃料成本又降了很多，糖厂的利润自然一下子就提高了。

褚时健在烟厂的提质增效经验

褚时健去烟厂的时候，基本上是个外行。但是有了糖厂的经验，他很快就找到了突破的方向，不过这一次他先抓的是质量。

1.找到经营突破口——质量

1978年玉溪卷烟厂的产量是27.5万箱，实现利润9000多万元。1979年的总产量是30万箱，与1978年差不多在同一个水平上。但是，30万箱里，有6万多箱积压在仓库里，还有很多退货。红梅香烟是拳头产品，退货率也最高。一翻财务表格，有时某一天的退货量比销售量还要大。大多数退货都是因为质量问题，一包烟应该有20根，很多却是十八九根；一条烟是10盒，居然能装成9盒。香烟的外包装箱质量也很差，经过长途运输，很多纸箱还没到客户手中就已经破烂不堪了。因此，很多香烟销售单位拒绝销售红梅香烟，于是，空旷的厂电影院不放电影，用来堆放退货了。

最为糟糕的场景出现在褚时健到厂几个月后。1980年初，云南省召开了一次大规模的香烟评吸会。褚时健从厂里产量最高的红梅烟中精挑细选了一部分参加这次评吸会。当评委当众念出“辣、苦、呛”的评语时，褚时健坐不住了，他很愤怒，心情沉重，但他一点也不沮丧，相反有一丝兴奋，因为他找到了玉溪卷烟厂经营改进的突破口——质量。

2.通过整顿生产现场提高质量

评吸会之后，褚时健认为当务之急就是进行生产改革。在褚时健的观念里，产品的第一要素是质量，谁愿意花钱买差的东西呢？

褚时健开始着手整顿烟厂的生产状况，包括对工人生产规范的要求和规章制度的执行。尤其是在烟叶的筛选和包装纸张的选择上，他更是亲自出马负责把关挑选。为了保证产品质量，他要求职工增加抽检的频次和数量，自己也经常参与检验。

褚时健对工人进厂的着装提出了要求。那时工厂并没有严格要求工人必须着工装，20世纪80年代初的小青年很爱穿喇叭裤。但喇叭裤明显有违安全生产要求：如果裤腿卷进机器，是会出事故的。烟厂明确规定不能穿喇叭裤后，几天下来就没人再穿了。

厂里的卫生必须整顿，褚时健强调车间地面不能有烟丝或散烟，所有纸箱必须分类清楚码放整齐。工人们刚开始很不习惯，但规定就是规定，而且责任还落实到每个车间主任身上，和车间主任的奖励工资挂钩。几个月下来，车间虽然依然破旧，但秩序井然。工厂内生活区的窝棚也必须拆除，经过一段时间的努力，烟厂各个生产环节顺畅了许多，新生产出来的红梅和红塔山香烟的质量也有了很大提高。

3.通过贷款引进先进设备提高质量

1981年上半年，褚时健带着几个车间主任和技术员走访了上海卷烟厂和昆明卷烟厂等几个全国规模大、名气大的烟厂。回到玉溪后他问这些同事："找出什么差距没有？人家为什么比我们做得好？"技术员们异口同声说道："人家机器好。"这话说到了褚时健心里，这也是他走访时最有感触的一点。这些优秀的烟厂几乎都有一套先进的设备：昆明卷烟厂1973年就引进了英国MK8D型卷接机；1974年，长春卷烟厂得到了一台来中国展览的英国MK9型卷接机；20世纪70年代，天津卷烟厂引进了日本MMC卷接机，每分钟卷接香烟2000支。而玉溪卷烟厂用的还是25年前的老设备——"新中国"牌卷接机，这种设备在国际市场上早在几十年前就被淘汰了。当时比较新型的英国莫林公司的MK9-5卷接机每分钟能卷接出5000支香烟！而且因为工艺精良，卷接出的烟丝紧致，外形和吸味都很好。仅从外观上看，这套进口设备卷接出来的香烟比红梅和红塔山要高出几个档次。

褚时健听完技术员们的话，他问卷包车间的副主任乔发科，"MK9-5，要多少钱？""261万元。"乔发科回答。大家都不出声了，这是天价。天价也要买，既然做出好产品离不开好机器，那就尽快买，即使通过贷款也要买。

1981年，他与卷包车间的副主任一起，苦口婆心说服厂领导班子贷款261万元引进英国莫林公司的MK9-5型卷接机，使玉溪卷烟厂的技术一下子提升了几个台阶。

4.通过优质辅料提高质量

机器迎进了门，也迎来了新的难题：怎么才能让这套设备发挥出最好的状态？摆在褚时健面前的，首先就是辅料问题。盘纸、滤棒，怎么才能实现这两样辅料的进口？

当时政府明显倾向于昆明卷烟厂这样的大烟厂，玉溪卷烟厂这样的企业很难从政府那里获得足够的优质辅料进口额度。怎么办？褚时健决定通过广东商人进口紧缺的辅料。20世纪80年代的广东，因为处在改革开放的前沿，再加上有香港的便利，广东的商人可以经由香港从北美、欧洲、日本买到各种紧缺的商品。烟厂特别需要的高级盘纸、束丝、滤棒等辅料，广东商人都可以买到。为了提高产品质量，褚时健拿出玉溪卷烟厂比较畅销的香烟，以出厂价从广东商人那里串换卷烟所需的各种高级辅料，而广东商人则用低于国家调拨价的价格把高级辅料卖给玉溪卷烟厂。有了这些串换，在MK9-5型卷接机开机短短两个月后，玉溪卷烟厂便已经赚回了包括机器买进、辅料采购等的全部投资4875.7万元。

5.通过改进原料提升质量

在更新设备的同时，褚时健还考虑到了原料：烟叶的问题。在研究万宝路、骆驼、555等国际香烟品牌时，他发现最突出的一点就是这些香烟的烟丝明显和国内香烟不一样。“三分设备，七分原料”，制造业一线的人都明白这个道理。怎么才能彻底解决原料的问题呢?

就在褚时健寻找好原料的过程中，他找到了宾夕法尼亚大学农业博士、美国烟草领域举足轻重的专家——左天觉。左天觉看过玉溪卷烟厂的状况后，提出了云南烟叶存在的几个关键问题：第一，烟叶成熟度不够。第二，肥料结构错误且营养不足。第三，种植密度太大，光照不足。营养不足是因为施肥量不够，云南一亩烟地施肥80斤，而同样的烟地在美国施肥200斤以上。再加上中国土地没有轮休，本来土壤养分不足，施肥量不够就更加影响烟叶的生长。烟叶所需的氮、磷、钾的最佳比例是1∶0.5∶2，但是云南烟民主要使用氮肥，虽然增产，但是并不能提高烟叶质量。烟叶是喜光作物，没有充足的阳光，烟叶无法进行光合作用，植株生长缓慢，叶片虽然长得很大，但是很薄。光照不足，营养物质积淀也不足，因此先天发育不良的烟叶无法真正达到成熟期。当时云南的烟叶种植普遍存在过密的问题。美国一亩烟地最多种植1100棵，但云南一亩烟地普遍种植2000多棵。在这种情况下，只有个头高的烟叶才能享受阳光，大多数烟叶光照不足，质量欠佳。

左天觉的意见让褚时健茅塞顿开，他感觉有必要亲自到美国看一看，世界级品质的烟叶是如何种出来的?在左天觉的安排下，1984年，褚时健去美国进行了一个月的考察与学习。他在这里了解了美国烟草的选种、栽种、施肥、采摘等流程。褚时健将每个环节的重点和注意事项都认真记录下来。在考察中，褚时健发现，这里的烟农在种植期间会定期检测土壤中各种微量元素的含量，根据土壤的具体情况决定需要补充的微量元素，再利用专业的施肥机器对烟叶进行施肥。褚时健还发现当地所有的烟农都配有烟草种植的“秘籍”——一本详细记录烟草种植方式的小册子，这本小册子非常详细，具体到种植时烟草间的株距、行距、每月根据温度的浇水量、收割时的各种指数等。这些发现让褚时健大开眼界，如获至宝。

一个月的美国考察，让褚时健更加确信一个观点：要想卷出好烟，必须要有好烟叶。从美国回来后，褚时健就有了建立烟草基地的想法。从1985年春天开始，先在玉溪市的通海县建了2400亩的试验田，大获成功。紧接着褚时健开始推动烟草公司、烟厂、专卖局的三合一改革，1986年云南省委同意了这一建议，开始进行大规模的烟草基地建设，1987年烟厂的烟叶基地已经达到70万亩，20世纪90年代又扩展了60万亩。1988年，玉溪卷烟厂从烟叶基地收获的上等烟叶已经占到四成，中上等烟叶比例达到85%，达到了国际先进水平。

伴随着“第一车间”的建设，玉溪卷烟厂的产品质量大幅提升，红梅、阿诗玛、红塔山纷纷成为全国畅销的名烟，企业业绩节节攀升，1987年，玉溪卷烟厂的营业额、利润额、利税等硬指标已经成为行业第一，超过了上海卷烟厂。

第四条

技术是打造好产品的第一要素

把科技引入到各个领域，用科技创造财富，用财富造福人类。

褚时健从骨子里相信，技术是打造好产品的关键，是提升质量和降低成本的关键，然后才是其他。在糖厂时，褚时健痴迷于榨糖和煮糖环节的技术提升，为了学习技术，1964年，褚时健竟然让技术员乘飞机去福建学习，成为轰动全县的大新闻。通过往甘蔗渣里喷温水的技术（又称温水洗糖技术），糖厂把甘蔗的出糖率提高到了12%，通过真空蒸汽锅煮糖技术把煮糖的能耗从1斤糖5斤4两燃料降低到1斤糖0.8斤燃料，差不多只是原来的七分之一。到烟厂的时候，褚时健抓的第一件大事就是对现有设备进行技术改造，他重奖和重用技术员邱建康，因为他将打叶机里的单刀换为双刀，玉溪卷烟厂的年产量因此突破30万箱。1984年，褚时健更是立下军令状说服云南省主管烟草行业的副省长，投资2300万美元从国外引进世界一流的成套设备。这次的设备引进使得玉溪卷烟厂的生产能力一下子跃居全国领先地位。先进的设备带来了先进的技术，先进的技术激发了先进的生产力，先进的生产力带来了领先的效益。褚时健深谙其中的逻辑。在种橙时，褚时健从种苗开始，到水源、肥料、农药、种植、采摘、选果等各个环节，都比较注重技术的引进和使用，褚时健也许是中国农业种植行业里聘用专业科技人员和使用专业科学技术最多的人，在褚橙庄园，你可能会遇到中国农业大学的土壤肥料专家、华中农业大学的植物保护专家、河海大学的卫星遥感专家……

褚时健是一个非常迷恋技术的人，在他看来，做企业最根本的就是把产品做好，产品做好的前提之一就是要有技术保障，否则什么赚钱、为国家做贡献之类的都是空谈。

对于技术改造所付出的成本，褚时健觉得非常值得。“不放成本进去，技术一直落后，生产提高不了。其实只要生产提高了，投进去的钱很快就回来了。”

褚时健特别看重厂里的技术员。有一次，他看中了邻县糖厂的一个技术员，想把他调过来，就让丁连祥去做工作，还从自己家里拿出在当时来说贵重的东西——一包木耳，让丁连祥带去送给对方。

褚时健的技术信仰最早来自滇越铁路，褚时健小时候生活在滇越铁路边上，作为集桥梁工程、隧道工程、轨道技术、车辆技术于一身的滇越铁路，简直就是一个活的技术博物馆，褚时健眼见着滇越铁路上的人们在技术的帮助下穿山越河，日行千里，那种震撼让他终生难忘。中学阶段在昆明的求学经历，西南联大教师在中学课堂上生动讲授的科学知识，与堂哥褚时俊和他西南联大同学交往的经历，进一步强化了褚时健对于科学技术的信仰，甚至达到了崇拜的地步。对于技术的崇拜最直接地体现为对工具的喜爱，褚时健喜欢各种各样的工具，是个工具狂，猎枪、鱼钩和渔网是褚时健最早接触的带有一定技术含量的工具。在困难时期，褚时健用猎枪和渔具办成了很多大事。褚时健真正把技术应用于生产是在曼蚌糖厂，褚时健第一次尝试着把技术引入到甘蔗种植、榨糖、蒸煮等环节，效果立竿见影，初次技术应用的成功让他信心倍增。在玉溪卷烟厂，褚时健的技术梦想得以逐步实现，他先是对现有设备进行技术改造，取得一定成效后，就开始斥巨资引进全球最先进的设备，先是卷接设备，然后是成套设备，随后是烟草种植技术、烟叶烤制技术。烟厂的设备引进和技术应用是褚时健一生技术信仰的最大实践，也是最成功的实践，在技术的推动下，玉溪卷烟厂由一个地方小烟厂一跃成为亚洲前列的烟厂。晚年种橙，虽然是传统农业，但褚时健把技术应用于生产已是炉火纯青，褚时健在果园选址、种苗、种植、植物营养、病虫害防治、选果等环节中大量使用现代科技，十几年的时间，褚时健用高效率种出了好橙子。

任正非有一个观点，他认为古今中外的企业家群体里，那些既懂技术又懂商业的企业家是最厉害的，也是最有发展前途的，他把这些企业家叫作技术商人。这样的例子可以说比比皆是，国际上有微软的比尔·盖茨、苹果的乔布斯、福特汽车的乔治·福特、丰田汽车的丰田喜一郎、奔驰汽车的卡尔·本茨，国内有华为的任正非、比亚迪的王传福、宁德时代的曾毓群、小米的雷军、百度的李彦宏，举不胜举。褚时健虽然算不上任何一个行业的技术专家，但他确确实实是一个技术商人，是一个坚信“技术价值创造第一要素”的企业家，而且确实运用技术成功创造了巨大的商业价值和社会价值。

褚时健早期的技术启蒙——滇越铁路

滇越铁路给了褚时健最早的技术启蒙。褚时健出生在云南省玉溪市华宁县禄丰乡矣则村，紧挨着南盘江，本来是一个位置偏僻的小村庄，但是，滇越铁路从附近穿过，并在禄丰乡所在地设置了一个比较大的车站，让这个闭塞的小村庄有了连接外部世界的大通道。滇越铁路由法国人建造，为米轨铁路，集成了当时世界领先的工程、机械、材料技术，包括桥梁技术、隧道技术、轨道铺设技术、车辆技术等，连接了中国昆明和越南海防港（经中越口岸河口），是中国西南地区的第一条铁路。滇越铁路当年曾被《英国日报》称为是可与苏伊士运河、巴拿马运河相媲美的世界第三大工程。

滇越铁路越南段1901年开始动工，1903年竣工通车；中国段1904年开工，1910年全线通车。

滇越铁路上有很多技术难度极大的桥梁，其中以五家寨的人字桥最为有名。五家寨铁路桥，亦称次南溪河铁路桥、弓弩手桥、人字桥、昆河线135号桥，是滇越铁路线一座肋式三铰拱钢梁桥，该桥位于云南省红河哈尼族彝族自治州屏边苗族自治县和平乡五家寨四岔河大峡谷，119号和120号隧道之间，该桥是滇越铁路的标志性工程。五家寨铁路桥始建于1907年3月10日，由法国巴底纽勒工程建筑公司的工程师保罗·波登根据应用力学原理设计，并由其公司承建。五家寨铁路桥桥长71.7米（包括与山体连接部分），宽4.2米，桥面离谷底高102米，全用钢板、槽、角钢、铆钉联接而成。这座桥梁的建设，让周边的人大开眼界，第一次见识到现代技术如何让天堑变通途。这座桥距离褚时健的老家矣则村300公里左右，不确定褚时健小时候是否见过这座桥，但类似这座桥梁的工程在滇越铁路上有很多。

滇越铁路上的大量桥梁隧道向人们展示了世界领先的工程技术，而行驶在滇越铁路上的米其林动车则向人们展示了世界领先的机械制造技术。米其林动车是法国制造的载客胶轮内燃动车，1932年，该车换装上橡胶轮子，成为开行在铁路上的米其林“汽车”。该车轨距1米，车长19.7米、宽2.6米，自重8吨，以内燃发动机为动力，牵引功率117千瓦，车内配软座19个、硬座24个，是当时滇越铁路上的高端客车和高级公务车。米其林动车为铝质车体、白色的外观、圆润的流线造型，看上去有点像今天的公交车，它与百年前喘着粗气、冒着黑烟、外形粗糙的蒸汽机车相比，确实显得与众不同。

一般的火车车轮为钢轮，而米其林动车却与众不同地使用了充气橡胶轮胎车轮，胶轮行驶在铁路钢轨上，起到了减震和降噪的效果。车内设有软席座位、硬座，还设有洗脸间、卫生间、厨餐间，装饰豪华，犹如一个功能齐全的流动宾馆，带给旅客的乘坐体验在当时的世界铁路上是少有的。

百年前世界铁路上行驶的大都是以煤炭作为燃料的蒸汽机车，当时，滇越铁路上行驶的蒸汽机车最高时速只有50公里，而法国制造的米其林动车已经使用汽油内燃发动机作为牵引动力，设计时速高达100公里，其独特的车轮底盘结构和制动系统，与我们今天的高级轿车独立悬架结构和盘式刹车系统何其相似。其独特的车轮技术，能够与铁路线路形成流畅的轮轨关系并有良好的通过性，让其如虎添翼般飞驰在小半径、多弯道、大坡度的滇越铁路上，被当时的老百姓昵称为“白色的神行太保”。

滇越铁路，对于褚时健来讲，就是一个活的技术博物馆，给了他最早的技术启蒙，褚时健早早就被技术圈粉，成为一个技术迷。

褚时健技术理念的进一步强化——西南联大

褚时健有一个堂哥叫褚时俊，是他大伯家的儿子。褚时俊是褚时健最敬重的同辈兄弟，两个人在老家上学的时候感情就很好，后来褚时俊考上了西南联大，褚时俊在西南联大上了一段时间课之后，就专门回老家劝说当时已经辍学的褚时健，到昆明上中学。

褚时健在昆明先去的是富春中学，一学期以后，在褚时俊的建议下，又转到当时在昆明小有名气的龙渊中学。龙渊中学虽然只是一个中学，但是办学认真，师资和生源都不错，更为幸运的是龙渊中学和西南联大的师生有着很多的联系。当时因为物资紧缺，西南联大的很多老师、学生的生活都比较紧张，他们为了多赚点钱贴补家用，就在课余时间到附近的学校兼职讲课，那个时候的龙渊中学，经常有西南联大著名教授去讲课。

褚时健在回忆龙渊中学的时候，经常讲到当时的老师，“真的很有学识，那些理科老师抬手就是长长的方程式，口若悬河，厉害得很”。褚时健还经常提到西南联大一位姓于的地理教授，讲课生动，栩栩如生。有一次于教授讲到他家乡肥城的桃子，“很大一个桃子，我用粗针戳几个洞，用嘴对着吸几下就能把桃汁吸干，太香了！”说着说着，于老师竟然淌下口水。褚时健和同学们都笑着说：“于老师你讲得太生动了！”

西南联大老师渊博的学识，注重互动的教学方式极大地激发了褚时健对于知识，特别是科学知识的浓厚兴趣。

西南联大对于褚时健的影响还不止这些，褚时俊和他的同学在课堂之外给了褚时健另外一种影响。褚时俊是褚氏家族里同辈的大哥，自小就聪慧懂事。高中毕业参加西南联大招考，昆明地区七八千人参考，只录取了两个人，他就是其中之一。而且他学的是工科的机械专业，这一点尤其让褚时健仰慕。

有一次，褚时健放学后过去找堂哥，正碰上褚时俊在画图纸，老师要求把火车头的零部件及组合构造全部画出来。褚时健住在堂哥宿舍，看见他一直画到凌晨一两点。一看图纸，精致细密，标注清晰，字迹也非常清秀，褚时健很感慨："大哥你太有水平了。"褚时俊告诉堂弟，有些同学甚至画一个通宵，这是考试的题目，要求一周后交卷。待褚时俊画完，褚时健又去找堂哥，看到桌上竟整整齐齐摞了厚厚一叠纸，这就是堂哥的试卷。"唉，就像印刷出来的一样。"褚时健说起堂哥，满是怀念。

褚时俊和他的同学对于科学技术学习的认真与痴迷，进一步强化了褚时健对于技术的信仰，加上龙渊中学老师的生动教学，使他对技术更为痴迷。

技术痴迷的最早实践

由于对技术的痴迷，褚时健喜欢上了所有能够找到的工具与设备，成了一个工具迷、设备迷。褚时健最早接触的设备是他们家的猎枪，由于褚时健的爷爷和父亲都喜欢打猎，褚时健小的时候，经常作为爷爷和父亲打猎的助手。打完猎之后，家里的猎枪基本上归褚时健保管，这和一般的家庭不一样，对于猎枪这样有一定危险的工具，一般的家庭不会允许小孩子触摸，褚时健的爸爸不是这样，而是让他成为猎枪保管员，这给了他研究猎枪的机会，并经常有机会放两枪。相关资料里没有提及他如何研究猎枪的，但是从褚时健后来在部队里很快成为神枪手的事实可以推断，他一定花了不少时间研究猎枪。褚时健枪法很好，一次在元江农场，褚时健竟然用一发子弹打死了两只麂子，用五发子弹打死了六只麂子，枪法极为了得。

捕鱼是褚时健最喜欢的休闲活动，他的捕鱼技术也是炉火纯青，无论是用鱼钩钓，还是用渔网捞，甚至徒手抓，他都很在行。自小生长在南盘江边的褚时健，见过了太多的捕鱼高手，也见过各种各样的捕鱼用具。褚时健用各种渔具捕鱼应该是很早就开始的事情，而且这项爱好伴随了他一生，无论住到哪里，褚时健在搬家的时候都会专门记着带上他心爱的鱼钩和渔网，他的爱人马静芬也说，他到哪里都要带上渔具。

褚时健早期的小规模技术实践——曼蚌糖厂

在做酒之前，褚时健研究技术，基本上属于玩票性质，到做酒的时候，算是第一次把技术应用于生产。做酒的最关键环节是蒸煮苞谷和苞谷的发酵，褚时健很快从师傅的讲授中，琢磨出两个关键技术，或者称不上是技术，是关键诀窍：一是蒸煮过程的添水时间，基本是两个小时添一次水；二是发酵过程中的温度控制，基本是相当于人的正常体温。掌握了这两个环节的技术后，褚时健就成为几个村子里最厉害的烤酒师：出酒率高，别人3斤苞谷出1斤酒，他是2.5斤苞谷，有时甚至是2斤苞谷出1斤酒；酒的质量好，基本能够达到45度以上；从来没有煳过锅。就这几点，连褚时健的师傅都难以全部做到，但褚时健依靠他对技术的钻研轻而易举地做到了。

褚时健早期小规模的技术实践发生在曼蚌糖厂，有三项技术的应用帮助糖厂在提升出糖率、提高蔗糖质量、降低成本方面效果明显。第一项是温水洗糖技术，即把温水洒入甘蔗渣中，浸泡一段时间后再压榨，这样出糖率可以大大提高，这项技术据说是从广东的同行那里学来的；第二项是真空密封蒸汽罐煮糖技术，即用真空密封蒸汽罐煮糖，并把蒸汽罐上面的空气抽出一部分，降低罐内的大气压，使得水在60度左右就可蒸发，然后蒸汽再循环使用，这一技术把煮糖环节的能耗降低到原来的约1/7，而且煮出来的蔗糖质量大大提升，一级品的比例越来越高；第三项是甘蔗种植过程中的疏叶技术，即把甘蔗底部的枯叶打掉，让甘蔗底部获得充分的光照，这一技术的推广提高了甘蔗的含糖量。

这些小技术的应用带来了显著的效果，产品质量提升了，成本下降了，企业综合效益提升了。曼蚌糖厂的技术实践更加坚定了褚时健对于技术创造价值的信仰，并开始越来越大胆地把企业资源投向技术。

1964年，玉溪市新平县出了一件大新闻，曼蚌糖厂技术员陈尚芝和耿家昌坐着飞机去福建学习。这在当时，是企业的厂长、书记，甚至县长、县委书记都难以享受到的待遇，但是褚时健为了快速获得技术，也为了让更多的人尊重技术，学习技术，直接让两名技术员坐上了飞机，这一举动对于当时的技术员陈尚芝、耿家昌来说，无疑是终生难忘的，对于其他技术人员或者即将投入技术工作的人来说，也是一种极大的激励——作为一个技术专家真是光彩呀！

褚时健在玉溪卷烟厂的第一次大规模技术引进

1981年，玉溪卷烟厂的技术员邱建康得到了100元的奖金。以当时社会的平均收入和物价计算，这是一笔巨款。邱建康得到奖金的原因是他1979年动手改造了厂里的一台机器，准确地说，是他设计改造了一台机器。正因为这次改造，玉溪卷烟厂1980年的产量突破了30万箱。邱建康说，其实自己只是对机器做了一个小小的改造。烟厂里制烟丝有一个环节是将叶茎粗的那一半烟叶分离成叶子和叶梗，这个流程在打叶机里完成。传统的打叶机是单刀设计，能切的烟叶有限，所以完成的量一直有一个上限值。而当时玉溪卷烟厂的制丝车间只有一条生产线，这就更限制了产量。邱建康一直在琢磨这台机器，他尝试将打叶机里的单刀换为双刀，并且把机器模具也做了彻底改变，让打叶机能吞进并吐出更多的烟叶。能突破30万箱当然是一件不简单的事，设备更新带来的改变如此之大也让整个烟厂颇为震撼。这再一次增强了褚时健对于更大规模技术投入的信心。

1981年上半年，褚时健带着几个车间主任和技术员走访了上海卷烟厂和昆明卷烟厂等几个全国规模大、产品名气大的烟厂。走访后他们最大的感触就是，这些优秀的烟厂几乎都有一套先进的设备，而玉溪卷烟厂用的还是25年前的老设备——“新中国”牌卷接机。当时比较新型的英国莫林公司的MK9-5型卷接机，因为工艺精良，卷接出的烟丝紧致，外形和吸味都很好。仅仅从外观上看，这台进口设备卷接出来的香烟比红梅和红塔山要高出几个档次。

“人家是飞机大炮，我们是小米步枪。”褚时健决定引进MK9-5，但是要花261万元，当时很多人担心，花这么多钱，万一技术消化不了怎么办？不如多买几台国产的老机器更稳妥。当时的褚时健也不敢保证一定能够掌握新技术，但是他坚信，好的机器设备会提升大家钻研技术的热情，只要肯钻研，掌握技术是早晚的事情，不然就会永远在技术上落后于人。

▲英国莫林公司生产的 MK9-5 型卷接机

MK9-5型卷接机的到来，刚开始确实有点水土不服，经常发生故障，经过仔细研究后发现是国内的烟叶和辅料质量不过关。经过调整后，MK9-5顺利投产。而且，乔发科和一群技术员跟着英国专家学习了两个月，对机器性能已经非常熟悉，后面他们还进行了50多次的小改革，邱建康甚至发现了总工们都没有发现的真空送烟丝的功能。

MK9-5的引进使玉溪卷烟厂的技术提升了好几个台阶，烟丝回收率提高10%，填充能力提高12%，长丝率提高54%。为了让MK9-5充分发挥它的优良性能，褚时健又购买了一些进口盘纸和滤棒，在MK9-5卷接机开机短短两个月后，玉溪卷烟厂便已经赚回了包括机器买进、辅料采购等方面的全部投资。

先进的机器带来了先进的技术，先进的技术提高了企业效益，这正是褚时健期待的。

褚时健在玉溪卷烟厂的第二次大规模技术引进

MK9-5引进的成功，更加坚定了褚时健在工厂内大量购置先进设备的决心。1983年，玉溪卷烟厂成立了技术改造办公室，褚时健亲自担任主任，他要通过引进国外先进的成套设备，对全厂设备进行全面升级改造，来打造中国最先进的现代化香烟生产线。

在大规模引进设备之前，褚时健争取到了一次去欧洲考察的机会，他挑选了几名工程技术人员随行，几个人在意大利参观了G.D公司的卷接机和包装机以及卷烟厂，在德国参观了豪尼公司的卷接、包装和烟丝加工设备，还马不停蹄地参观了其他卷烟设备制造企业。褚时健在欧洲考察时，白天看机器，问价格，晚上回去算账，看看哪家企业的设备性价比更高，更适合自己。

欧洲之行让褚时健过足了技术瘾，设备瘾，回国之前他就规划好了玉溪卷烟厂未来的蓝图，甚至哪些设备放在哪里都想好了。回国以后就是向政府有关部门申请拿批条、拿指标、找外汇。1984年10月，党的十二届三中全会通过了《中共中央关于经济体制改革的决定》，对国有企业进一步放权，国家开始允许有外汇偿还能力的企业申请外汇贷款购买国外先进设备进行技术改造，对褚时健来说全是好消息，万事俱备，只欠东风。

党的十二届三中全会后不久，云南省计委和轻工业厅就开始落实有条件的企业可以申请外汇贷款购买国外先进设备的相关政策，褚时健抓住这个机会，向省里提出了1000万美元的外汇贷款申请，当他们听说很多烟厂因为害怕还不上贷款而放弃额度的时候，又再次把外汇贷款申请额度增加到2300万，让省领导都大吃一惊。在四个多月的软磨硬泡之下，褚时健立下军令状终于说服云南省主管烟草行业的副省长，云南省终于批复给玉溪卷烟厂2300万美元的外汇贷款，支持其用来购买国外先进设备。

▲德国豪尼公司的豪华卷接设备

1984—1986年，玉溪卷烟厂用2300万美元，从德国、英国、意大利、日本等国家引进了45套卷接、卷包、制丝生产线，是当时国内所有卷烟厂里最先进的设备阵容，这次设备引进奠定了玉溪卷烟厂在卷接、包装、制丝等环节的行业领先地位，为玉溪卷烟厂的全面领先奠定了坚实的技术基础。玉溪卷烟厂的全面腾飞也就是在这些先进设备安装调试好、操作技术被全面掌握后的1987年，其企业收入、盈利，包括其他各项经济效益指标都开始突飞猛进，当然，这背后离不开烟草种植环节一系列技术的配套支持。

褚时健在玉溪卷烟厂的第三次大规模技术引进

有了最先进的卷接、包装、制丝设备并不一定就能够生产出世界顶级的香烟，因为香烟的质量最终取决于烟叶的质量，二三流的烟叶绝不可能生产出一流的香烟，或者说，要造出世界一流的香烟，必须有世界一流的烟叶，设备可以依靠进口，烟叶显然不能依靠进口。如果玉溪卷烟厂的基础原料都要依赖进口的话，那么就永远不可能成为世界级的烟草公司。一流的烟叶必须自己生产。依靠什么才能够改变中国烟叶生产的现状？褚时健坚信，技术，还是技术！

1984年，在世界顶级烟草专家左天觉的安排下，褚时健用了一个月的时间，全面深入地考察了美国的烟叶种植技术。在美国，褚时健深入了解了烟草的选种、栽种、施肥、采摘等流程；了解了美国烟农定期检测土壤中的微量元素，并根据土壤的具体情况补充所需微量元素的做法；了解了他们为保证土壤营养而实施的轮栽做法。他还发现烟农普遍配有烟草种植"秘籍"——一本详细记录烟草种植方式的小册子，小册子中记录了烟草种植过程中涉及的各种数据。

▲美国弗吉尼亚州的烟田

褚时健回国以后就开始想办法把美国的烟草种植技术应用到云南的烟田里。1985年，他等到了试验美式种植技术的机会，玉溪卷烟厂与通海县1347户烟农签约，签下了2400多亩试验田，褚时健邀请通海县科委和农科所的专家技术员根据美国烟草的种植方法制定了中国的烟草种植“十条规范”，对量地、整地、植株间距到肥料比例、生长期等关键环节都做了详细规定，并由科委和农科所的技术人员到田间辅导烟农种植。

先进的种植技术不久就见到了效果，烟厂的2400多亩试验田平均亩产746斤，高于全省的平均亩产484斤；中上等烟叶占比达到80%以上，是以前的4倍；而这些中上等烟叶制成高档香烟后，利润将是以往中下等烟叶的5倍。

如果说，先进的设备使玉溪卷烟厂站到了中国卷烟行业的前列，那么先进的烟叶种植技术以及后来的“第一车间”战略使得玉溪卷烟厂拉开了与国内同行的差距，追上甚至超越了国际竞争对手。曾任玉溪卷烟厂总工程师的李振国讲过一个有趣的现象，在20世纪80年代的广东，人们喜欢穿“的确良”衬衣，喜欢在衬衣兜里装盒烟，1984年、1985年、1986这几年，人们上衣兜里装的是万宝路，到了1988年以后，万宝路就换成了红塔山。

褚时健晚年的技术实践——褚橙庄园

在种橙时，褚时健从种苗开始，到水源、肥料、农药、种植、采摘、选果等各个环节，都比较注重技术的引进和使用，褚时健也许是中国农业种植行业里聘用专业科技人员和使用专业科学技术最多的人，在褚橙庄园，你可能会遇到中国农业大学的土壤肥料专家、华中农业大学的植物保护专家、河海大学的卫星遥感专家……一颗褚橙，集成了气象、生物、化肥、农药、光学、机械等跨学科技术，的确是基于高科技来种植的农产品。

柑橘类水果的选址是极具挑战性的技术活，积温、温差、光照、风速、降雨、地形、水源等因素都要考虑在内，只有资源禀赋最好的区域才有可能产出最好的柑橘类产品，而且能够保证高产，一次选址决定一个果园几十年的产量和质量，好的选址会给企业带来得天独厚的条件，从而带来持续的竞争优势。就像褚时健讲到新平水塘镇的老基地时，总是很自豪地说："想种出和我们一样的橙子，很难，除非你把哀牢山搬回家。"

橙子的种植，在一般人眼中就是普普通通的农活，没啥技术可言，依据经验就行。而在褚时健的眼里，几乎全过程都与技术有关。种苗的选择，要用专业的种苗繁殖基地培育出来的无菌种苗，否则，带菌的种苗会给橙树的生长带来不良影响。肥料要根据每个基地的情况，先测土，弄清楚土壤的营养状况，弄清楚重要微量元素的含量，然后针对性地配制专用的有机肥，每个基地的肥料配方都是不一样的，用量也有专门的规定。剪枝控梢，更是检验果农水平高低的技术活，剪枝控梢要考虑当地阳光的方向、风的方向、树形的整体规整性等，剪的好坏不但决定了当年的产量，还影响果树的树龄，一棵修剪得当的果树树龄可达50年，而不修剪的果树很难活到10年。褚橙庄园一年四季都在进行剪枝控梢工作，特别是夏季，一般的果园是不进行控梢的，褚橙庄园则要进行4～6次的控梢工作。病虫害防治，橙园最怕的疾病是黄龙病，黄龙病等同于人类的瘟疫，传染性极强，全世界很多果园都因为黄龙病而损失惨重，褚时健通过自己的实验室，通过技术手段掌握了黄龙病的源头——木虱的全年生活规律，然后根据其生活规律精准防控。褚橙庄园果树的黄龙病发病率不到千分之一，而一般果园的发病率是百分之一。

在选果环节，褚氏农业的选果厂几乎就是一个全自动化的炫酷工厂，橙子的清洗、打蜡、分类、包装、装卸，几乎都是自动化的。选果厂要应用到机械技术、自动化控制技术、光谱技术等多项技术，才能把橙子按照既定的酸度、甜度、化渣率、个头、颜色、花斑、内伤等十个左右的参数进行严格分类，区分出C8、珍品、特级、优级、一级等种类。褚时健相信，只有依靠好设备好技术才能挑选出真正可靠的好橙子，这种橙子才能叫褚橙。2022年，浙江大学农业机械化工程专业的专家与褚氏农业合作建成的最新选果工厂，集成了多项前沿技术，是全国技术最先进的选果工厂之一，褚老的儿子褚一斌像他的父亲一样笃信技术，笃信好技术能带来好产品。

▲褚氏农业的黑科技——智能水果分拣系统

褚时健把技术引入生产的基本方法或流程

褚时健眼中的技术包括先进设备和熟练使用先进设备的技术工人：先进设备是各种知识技术的集成，比如一台香烟卷接机可能集成了机械技术、电子技术、材料技术等各种先进的科学知识与技术；熟练使用先进设备的技术工人，在先进设备的操作上，存在很多技术诀窍，需要技术工人反复探索、消化和掌握。这两者构成了一个企业创造价值所需技术的全部，其中先进的设备是先进技术的最主要代表，熟练掌握先进设备使用的技术工人是先进设备发挥作用的前提条件，没有先进的设备，工人再熟练也没有用，但有了先进的设备，还需要能够掌握先进设备操作技术的工人才能变成生产力。

先进的设备就是先进生产力的代表，先进的设备也是企业最昂贵的投资，一台设备动辄百万千万元，甚至上亿元，很多人在购买先进设备的时候往往犹豫不决，一是担心不划算，不知道什么时候可以收回投资，二是担心害怕玩不转，自己掌握不了操作先进设备的技术。褚时健以他一生的实践反复证明，投资先进设备是最划算的生意，也是回本最快，最有保障的生意，至于能不能掌握相关的技术，更不是什么问题，先进的设备催生先进的技术，要相信我们自己，相信自己的员工，只要肯钻研，哪个企业都有像邱建康这样的人，用好这些人，掌握先进设备的操作，把其转化为先进生产力就没有任何问题。

褚时健把先进技术引入生产一般有以下几个步骤：一是找到企业中熟悉和喜欢钻研技术的人，类似于邱建康这样的人，重用和重奖他们对现有设备进行挖潜。二是带领企业的技术人员到国内先进企业参观学习，了解这些企业所用的关键设备及技术。三是带领企业技术核心力量到全球生产先进设备的企业进行深度考察，选择引进适合自己企业的先进设备。四是组织企业内部的技术人员，认真配合设备生产企业进行设备安装，并认真学习设备生产企业提供的相关培训资料。五是围绕先进设备的使用和改良，组织深度挖潜攻关小组。六是围绕先进设备需要，进行原料、辅料等一系列配套改革。

德鲁克曾讲过一句话，把知识应用于生产，是现代社会生产力提升的关键，褚时健用一生的实践证明，真的是这样！褚时健的一生，都在尝试着把科技引入到生产的各个领域，用科技创造财富，用财富造福人类。

第五条

好产品一定要有好原料

制造好产品，设备的好坏决定三成，原料的好坏决定七成。

原料不好，再怎么好的设备也做不出好产品，企业要做出好产品，必须想办法持续保证原料的质量，必须通过管理上游供应商把好原料关。褚时健在糖厂时特别重视甘蔗的质量，重视对蔗农的管理，他深知要造出好的蔗糖必须要有好的甘蔗。当地的农民因为不会科学种植，很多蔗田的甘蔗长得不好，甘蔗含糖量低，褚时健研究发现，主要是因为甘蔗脚叶太密，通风、光照不足，于是他教蔗农给甘蔗疏叶，即打掉一些脚叶，甘蔗的含糖量明显提升。他还帮助蔗农修理和科学使用农药喷雾器，及时为甘蔗除虫，提高产量。在烟厂的时候，褚时健更是提出第一车间的概念，把烟农的烟田当作了玉溪卷烟厂的“第一车间”，他认为一流的卷烟，必须有一流的烟叶！为了提高烟叶的质量，褚时健扩展了烟厂管理的范围，把种子的选择、烟田的建设、烟叶的种植等环节都纳入烟厂管理的范围，褚时健为云南的烟农引进了美国弗吉尼亚的优良种子，制定了烟草种植“十条规范”，帮助烟农购买国内紧缺而烟田急需的钾肥，支持烟田的道路灌溉设施建设、指导烟农科学收割和烤制……在原料上的持续努力是玉溪卷烟厂领先国内其他烟厂的关键，有了持续的高质量烟叶作为后盾，玉溪卷烟厂从此一骑绝尘。在种橙的时候，褚时健依然认为好肥好水是褚橙提升品质的关键，为了保证水质，他不惜投入上百万元引南恩瀑布之水进入褚橙庄园，同时提出坚决不用化肥，代之以塘泥、鸡粪、烟梗为主的有机肥，好水好肥出褚橙，事实果然如此。

制造业有句话叫“三分设备，七分原料”，说的是要制造出好产品，设备的好坏决定三成，原料的好坏决定七成，原料不好，再怎么好的设备也做不出好产品，企业要做出好产品，必须首先想办法保证原料的质量。褚时健对此深信不疑。

好原料不是只通过买卖就可以在市场上解决的，一个大规模持续生产的企业，要想保证好原料的持续可靠供应，必须对上游原料的生产进行有效的管理，管理不到位的话，原料供应的质量、数量和及时性都会受到影响；管理到位的话，企业将会在这一环节形成强大的竞争力，而且这种竞争力竞争对手一时半会儿很难模仿。

好糖来自好甘蔗

褚时健在曼蚌糖厂经过一年多的技术改造和挖潜以后，无论是榨糖环节，还是蒸煮环节，生产效率都已经得到了很大的提高，产品质量也有了出人意料的提升，眼看着设备挖潜的机会越来越小，基本能实现的都已经想办法实现，下一步如何持续提高产品质量和出糖率呢？褚时健开始瞄向了原材料——甘蔗。

曼蚌糖厂位于玉溪市新平县，当地主要以种水稻和甘蔗为主，农民们因为更需要饱腹的粮食，所以都愿意种水稻。但国家有硬性规定，就是必须保证一定面积的甘蔗种植，这样才能完成县里的经济任务。当地农民种甘蔗不像种水稻那么有经验，甘蔗一旦出现问题，农民就束手无策。从糖厂的角度来说，甘蔗有问题，就意味着原料有问题，严重影响生产。褚时健从小生活在农村，对土地和农产品比较了解。到糖厂后，等到厂内的技术改造告一段落，他就开始往山上的甘蔗田跑，和蔗农交流，了解甘蔗的生产情况。

褚时健通过了解发现，很多甘蔗田里的甘蔗长得不好，原因并不复杂，主要是因为脚叶太密，通风、光照不足，其次是病虫害防治不及时，农民不太会用喷雾器。

日照好，糖分就比较高。于是褚时健建议农民做疏叶工作，打掉一些甘蔗的脚叶，不仅通风，阳光也能照进来，这样甘蔗的含糖量才会提高。农民们忙不过来，他便发动工人帮忙，目的就是要让甘蔗质量更好。

他还从厂里抽调了工人，专门为蔗农们修理农药喷雾器。一家一家上门检查喷雾器，一家一家劝说，让蔗农们及时喷药除虫。甘蔗打了农药后，不生虫了，产量提高了。

除了甘蔗的质量，产量也非常重要。褚时健注意到其实有很多甘蔗地的产量不差，但因为车开不进去，收割时大量甘蔗被浪费在地里。褚时健索性从厂里申请一些费用，帮助农民把路修好。那时都是简易泥路，拖拉机、小货车能开进去就解决了甘蔗浪费的问题。

▲经过疏叶后的甘蔗田

一些荒地因此也被利用起来。褚时健和有大量荒地的生产队商量，糖厂负责把连接荒地的路给修出来，生产队负责组织农民种甘蔗，生产队自然没意见。褚时健一跟生产队谈好，马上就找人动手，两三天就把路修好了。生产队见他说话算话，也很守信用，马上就开荒种甘蔗。于是，糖厂每年又多收了几百吨甘蔗。有的时候，为了调动当地人种甘蔗的积极性，褚时健还用上了一些“非常手段”。

傣族人酷爱喝酒，而当时酒类属于凭票购买的紧俏物资。褚时健便想到，用当时糖厂生产的甘蔗烤酒激励傣族村民种甘蔗。糖厂把甘蔗烤酒当成奖励，分卖给附近的傣族村民。褚时健向村民们保证说：“如果甘蔗种得多，我们到时候一家就多卖3斤酒。”这对部分好酒的农民来说太好了，他们当然会多种。

通过指导农民给甘蔗疏叶、及时喷药，通过修路、烤酒换甘蔗这些办法，褚时健得到了糖厂发展必需的原料，既保证了质量，又保证了数量，这使曼蚌糖厂在20世纪60年代依然能够持续稳定发展。褚时健后来回忆曼蚌糖厂，说这些经历让他想明白了一个很重要的道理：要想做成一件事情，必须让相关各方能够利益平衡，都能从中获利。做生意不能只想着让自己赚钱，适当让利，常常会获得更大的利益。而利益平衡也成了日后指导他在经营中做出决策的重要思路。还有一条他没有讲出来，但实际上做得很好的地方，那就是企业必须对自己产品生产所依赖的大宗原料的生产和生产方进行有效的管理，企业必须把自己管理的手臂跨出企业原有的边界，沿着产业链往上游进行延伸，原料有保障，企业日常生产才能稳定，产品的质量才能可靠。

好烟来自好烟叶

关于原料的重要性，褚时健在进口MK9-5的时候就已经有着深刻的感受。MK9-5在玉溪卷烟厂安装好以后，有很长一段时间不能正常工作，厂家的工程师们把机器查了个遍也没发现问题，最后经过反复研究才发现，是玉溪卷烟厂的烟叶原料不符合MK9-5的标准，质量太差。MK9-5的原料进口处有一个电子感应装置，对于劣质原料很敏感，遇到不合格原料就停机。当时为了保证机器正常工作，不得已先降低了电子感应装置对原料的苛刻要求，褚时健对此难以释怀。

褚时健的办公桌上，经常摆放着万宝路、骆驼、555等国际知名品牌的香烟，他一有空就会拿起来研究，每个细节他都会观察到，他发现这些国外品牌香烟和国内香烟的最大差别，就是这些香烟的烟丝明显不一样，国外香烟的烟丝要比国内香烟的烟丝好很多。

当褚时健用2300万美元贷款，完成了卷烟成套设备引进以后，玉溪卷烟厂在设备方面，基本可以做到国内领先，国际一流了。但是，仅仅拥有一流的设备是不够的，没有一流的烟叶，再先进的设备也卷不出好烟。而一流的烟叶从哪里来呢？也要依靠进口吗？不可能，这种每天都要大量消耗的原料，不可能依赖进口解决，烟厂必须想办法找到自己优质烟叶的来源地。云南本来是国内外公认的，适合种植优质烟叶的地方，日照充足，气候适宜，但是由于技术等原因，云南当时产的烟叶中优质品很少。

正当褚时健在为原料质量发愁的时候，他遇到了美国的烟草专家左天觉和琼斯，褚时健立刻把他们请到了玉溪，请教如何获得顶级烟叶。

褚时健带着左天觉和琼斯看了几天玉溪地区的烟草种植田后，他们肯定了云南得天独厚的气候条件，昼夜温差大，适合烟叶生长，但是同样存在诸多问题。他们认为当时云南烟叶存在的问题是：第一，烟叶成熟度不够。第二，肥料结构错误且营养不足。第三，种植密度太大，光照不足。

营养不足是因为施肥量不够，施肥量不够就更加影响烟叶的生长。

烟叶是喜光作物，叶片虽然长得很大，但是光照不足，营养物质积淀也不足，因此先天发育不良的烟叶无法真正达到成熟期。当时云南的烟叶种植普遍存在过于密集的问题。在这种情况下，只有个头高的烟叶才能享受到阳光，大多数烟叶光照不足，质量欠佳。

左天觉和琼斯一语中的，他们的专业性令褚时健心悦诚服。1984年，左天觉安排褚时健去了美国一趟，他希望褚时健去现场看看，真正先进的烟草种植到底先进在哪里。褚时健也正有此意，他想知道为什么他们能生产出5美元一包还受全世界欢迎的万宝路。

美国东部的弗吉尼亚州是历史悠久的烟草种植地，烤烟就发源于这里。驰名世界的万宝路香烟的烟丝也产自这里。弗吉尼亚州是褚时健美国之行的第一站。他在这里了解了美国烟草从选种到采摘等流程。考察中，褚时健发现，这里的烟农在种植期间会定期检测土壤中各种微量元素的含量，根据土壤的具体情况决定需要补充的微量元素，再利用专业的施肥机器对烟叶进行施肥。为了防止连续耕种损害土壤肥沃度，弗吉尼亚州的烟草种植都实行轮栽，烟叶和黑麦草、牧草等轮流种植。而云南的土地虽然肥沃，但是连年不断地种植一种作物的方式让土壤的营养成分流失严重，影响了烟叶的成熟度。

褚时健还发现当地所有的烟农都配有烟草种植“秘籍”——一本详细记录烟草种植方式的小册子。他注意到美国烟农的这本小册子非常详细，记录了烟草从种植到采摘等流程中的各种数据。国内农科所也做过类似的小册子，但写得不具体，实际操作性不强。美国这本烟草种植“秘籍”让褚时健大开眼界，如获至宝。

在左天觉的陪同下，褚时健在美国考察了一个月。行走路线几乎都在美国农村，和城市的接触也就是每次从城市旁边行车而过。他的主要工作就是蹲在烟田边看烟叶的种植，和烟农聊如何种植，或者是在生产一线看流程细节。

此次美国之行给褚时健留下非常震撼的印象：美国农业的大面积、大规模运作让他非常羡慕，而且美国农业完全按工业化方法操作，这一点尤其让他感慨。“我终于知道人家农业发达的关键之处了。”他最大的收获则是再次确认了自己的一个观点：卷烟品质的好坏，主要取决于原料的好坏。

“第一车间”建设决定竞争成败

从美国回来后，褚时健就开始一门心思想着如何在云南省建立玉溪卷烟厂自己的烟叶种植基地，当他第一次和班子成员提出这个想法的时候，很多人不以为意，认为这在中国行不通，因为中国的烟草管理体制与美国不一样。当时中国的烟草管理体制是烟叶收购、卷烟制造、香烟销售分归三个机构管理，烟叶收购权归当地烟草公司，烟厂要从烟草公司调拨烟叶，然后把生产出来的卷烟交由烟草专卖局统一销售。烟厂对于烟叶收购没有自主权，没有定价权。

若是一般的管理者遇到这种体制问题，最多也就是埋怨一下，不了了之。但这不是褚时健的做事方式，他是一心要打造好产品的企业家，遇到技术问题他会想办法解决，遇到体制问题他也会想办法解决。如果一时半会儿解决不了，他就等待时机。

1985年的春天，玉溪市赵桅乡乡长找到褚时健，想向褚时健借款帮助农民发展水浇地种植烟草，钱不多，10万元。这是烟厂和农户经常有的相处方式，因为在国家调拨的前提下，烟厂和农户有着买卖关系，偶尔借款并不稀奇。但褚时健这一次听出了机会。在与领导班子简单沟通，承诺先试一试后，他把乡长叫到自己的办公室。“乡长，我不要你还钱，但有个条件。”他说。烟厂同意无偿为烟农提供种植烟草的资金，但是要求烟农必须按照他的方法来种植烟草，并将烟叶交给玉溪卷烟厂。赵桅乡乡长当即同意褚时健的提议，很快便组织赵桅乡的400多户烟农与玉溪卷烟厂签订了合同。

凭着一大摞合同，褚时健又来到玉溪市的通海县，这里的烟草种植不仅历史久，面积也很大，是云南乃至全国的烟草种植集中地，褚时健找到通海县的县长，表示想由烟厂负责承包通海县的1700多亩烟田，一切资金由玉溪卷烟厂承担，甚至烟农的各种补助也由烟厂承担，只是烟田产出的烟叶要全部交给玉溪卷烟厂。通海县县长是一名思想比较开放的干部，当他听了褚时健的想法后还是惊了一下，这是他完全没有想过的大胆方案！但他很快就接受了，因为他看明白一个关键点：这个合作对烟农是非常有利的。

褚时健顺利谈下了5个乡、1347户烟农、2400多亩试验田的合作协议。玉溪卷烟厂专门拨付了50万元的经费，用来在试验田里实验从美国学来的现代烟草种植方法。以美国的烟农种植手册为范本，褚时健请了通海科委和农科所的专家技术员制定了自己的烟草种植“十条规范”，从量地、整地、植株间距到肥料比例、生长期等，对每个环节都详细地做出了规定。“十条规范”出台后，褚时健要求试验田的烟农严格按照规定执行，对于关键环节，技术员会进行指导和监督。

烟厂2400多亩烟草试验田很快获得了巨大成功。褚时健的试验田平均亩产746斤，高于云南全省的平均亩产484斤；烟叶质量优良，中上等烟叶占比达到80%以上，而以前这一比例仅为20%。这些中上等烟叶制成高档香烟后，利润将是以往中下等烟叶的5倍。烟草种植实验的成功为褚时健增添了莫大的信心，有了这个坚实的后盾，他便能放手一搏。接下来他就要考虑如何冲破体制壁垒，让优质烟叶得以“合法”种植。

▲玉溪卷烟厂的“第一车间”——云南通海附近的烟田

“第一车间”建设让玉溪卷烟厂快速追上国际竞争对手同时甩开国内对手

为了打造玉溪卷烟厂自己的、规模化的优质烟叶生产基地，褚时健需要打破现有的烟草管理体制，使自己拥有自主的原料采购权，于是褚时健提出一个更加大胆的想法，那就是把玉溪的烟草公司、烟厂、烟草专卖局三者合一，从而使玉溪卷烟厂成为真正意义上的市场中的企业，拥有自主的采购权和销售权，而不仅仅是生产权，就像美国的菲利普·莫里斯国际公司一样。很多人认为褚时健这种想法是痴心妄想，把手伸到别人的锅里了，根本不可能实现。但褚时健拿着他算好的账本，一遍遍地去找云南省副省长，去找省委书记，去找省烟草局的领导。褚时健的账算得很清楚，而且敢于向省委省政府承诺，三合一之后，玉溪卷烟厂的利税贡献将大幅增加。没有什么比利税贡献更有说服力，云南省委省政府认可了褚时健的三合一提议，同意在玉溪市进行三合一试点。

“三合一”利剑在手，褚时健的工业化蓝图开始徐徐展开，他要把烟田作为玉溪卷烟厂的“第一车间”，在他的“第一车间”里生产出世界顶级的烟叶，助推玉溪卷烟厂赶上菲利普·莫里斯国际公司等世界顶级对手，同时用他的“第一车间”，彻底甩开国内竞争对手。褚时健在一次职工会议上表达了这一想法，“第一车间”的说法不胫而走。

1986年种烟季节，褚时健就在玉溪市、通海县、江川县三地建立了优质烟叶基地，并将其中的1万亩作为示范田。玉溪卷烟厂还和全玉溪8930名烟农签订了种植合同，按烟厂的规定种植烟草。到1987年，烟厂的烟叶基地已经达到70万亩；20世纪90年代以后，又建立了师宗、陆良、泸西、石屏四个县的60万亩“区外”基地。在基地建立的过程中，褚时健要和地方的村镇干部详细交流意见，要说服农民把他们的农田变成烟厂的基地，这些谈话里最有效的部分就是：“烟厂保证你们的收入会比以前高。如果按照我们说的方法种植烟叶不挣钱，烟厂负责按你们以前收入的最高标准补偿你们。”

签订种植合同仅仅是第一步，烟叶基地建立的目标是保证玉溪卷烟厂原料的数量和质量，更为关键的是签订合同后对烟农的管理。在将基地范围划出后，对应的烟农都成了玉溪卷烟厂的“编外职工”。这些特殊的烟农享受的玉溪卷烟厂的第一个福利便是：有3000名烤烟技术指导员来到田间地头，指导他们如何种植质量上乘的烟草。

褚时健与各个地方的科委、农业局、农科所合作，在当地挑选熟悉烤烟种植的农业技术员，玉溪卷烟厂先将他们分批集中培训，以烟草种植“十条规范”为中心，系统教给他们玉溪卷烟厂要求的烟叶种植方法，学习过后奔赴各基地指导烟农种植，在指导烟农期间，他们的所有费用和工资都由玉溪卷烟厂承担。

这些烤烟技术指导员教烟农如何育苗、施肥、浇水，特别是行距和株距上，直接要求每亩只种1300株左右。最初烟农大都很不理解：“明明能种2000株烟叶的地，凭什么要我们只种1300株？”但科学最能说服人，当烟农越来越多地接触“种子包衣”“统一育苗”“营养袋育苗”“地膜种烟”等科学概念时，他们的想法逐渐改变。褚时健要求烟农拉着绳子丈量栽种间距，烟农都能愉快地接受。烟农没有受损失，只有将株距、行距拉开，烟叶才能长得大，等级才能提高。等级提高带来的价格上升足以让烟农的收入有显著提升，按照技术指导进行操作后，绝大多数烟农种出的烤烟烟叶比以往大了两三倍。

施肥也是重要环节。以前的烤烟种植在施肥方面很单一，左天觉曾经提醒褚时健，根据云南的泥土成分构成，应该多添加氮、磷、钾这三种肥料。为使烟叶基地的肥料结构合理，褚时健不止一次地动用烟厂稀缺的外汇资源从国外进口国内紧缺的钾肥。

收割也是个技术活。在缺乏技术指导的时候，很多烟农急于售卖烟叶兑换现金，在每年8月左右就开始收割，但这个时候的烟叶成色不好，等级不高。在成为玉溪卷烟厂的烟田基地后，有技术指导员在身边监督，烟农必须等到9月、10月才能收割。道理很简单：烟叶必须足够成熟才能有醇厚的香味，成为高等级烟叶的可能性才大。“我们养烟叶养到什么时候？必须是花全部掉了，再养十天半个月才能开烤。如果不到这个时间，政府会出面责令各乡镇把烤房全部锁起来不准烤。”赵德才记得很清楚。

褚时健对于烟叶种植的最终期望就是实现工业化、现代化。在美国参观期间，他对工业的标准化感慨颇多。传统的农业种植大都以“天意”来决定种植的结果，而工业的标准化让所谓的“靠天吃饭”变为靠科学吃饭。

由于“第一车间”建设措施的强力推行，到1988年，玉溪卷烟厂从烟叶基地收获的上等烟叶已经占到全部烟叶的40%，中上等烟叶的比例已经达到85%，这已经是国际先进水平了。赶超自己心中烟叶种植的旗帜国家美国，褚时健只花了两年时间。

好水好肥出好果

在种橙的时候，褚时健依然认为好肥好水是褚橙提升品质的关键，为了保证水质，他不惜投入上百万元引南恩瀑布之水进入褚橙庄园，同时提出坚决不用化肥，代之以塘泥、鸡粪、烟梗为主的有机肥，好水好肥出褚橙，事实果然如此。

褚时健要种冰糖橙，首先必须解决的就是水源问题。“水果水果，没有水就没有果。”这是褚时健经常挂在嘴边的话。

在硬梁寨子和新梁寨子边上，有两条河穿行而过。硬梁寨子下面是戛洒江，褚时健对它再熟悉不过。新梁寨子的山后面，则是一条叫棉花河的美丽如画的河流。

褚时健花了好几个月的时间去考察这两条河，每天尘里来土里去，细致考察河的分支沟渠、河面的宽度、河流的流速等。他一直没搞明白的是，既然有两条河在下面，为什么硬梁寨子和新梁寨子的土地还是缺水的板结状态？如果整个果园基地从棉花河或戛洒江引水过来，是否可行呢？但大量数据说明了一个问题，棉花河和戛洒江的水量并没有预想中那么充沛。他放弃了将棉花河和戛洒江作为果园水源的想法，转而把关注的视线投向新梁寨子对面山头的南恩瀑布以及瀑布下面的南恩河。

当褚时健跋山涉水来到南恩瀑布面前时，就立即决定把南恩河作为果园的水源。南恩瀑布是一个瀑布群，水源来自哀牢山深处的原始森林，水量稳定而且充沛。最难得的是，这里因为车无法开进来，必须翻山越岭才能靠近，完全没有人为污染。南恩河的水清澈透亮，掬一捧水尝一尝，有一种甜甜的回味。“用这样的水浇果树，橙子不甜都没道理嘛！”褚时健非常高兴。

▲褚橙庄园的水源地——南恩瀑布

决定之后就尽快采取行动。褚时健在看准南恩瀑布和南恩河后，立即开始组织架设水管。他告诉手下的人，预算只要不夸张，花多少钱他都支持。“要让我们的水果不缺水。”他说。最终，几个月下来，金泰果品公司花费了138万元，从南恩瀑布架设了两条引水管到果园，总长度达到19公里。

这样的投入在当时的中国农业种植界绝无仅有。但褚时健得到了绝无仅有的局面：架设好引水管后，果园可以一周就彻底浇一次水，而且是来自原始森林的清冽之水。这对大多数从事果树种植的人来说，根本不可能。

为保证水源，褚时健还就近从棉花河引了一条水管到果园。他还把引水管沿途经过的较大一点的鱼塘也全部承包下来，原因很明显：把鱼塘变为蓄水池，在丰水期引水进来将鱼塘灌满。只有足够的储水，果园的浇灌才能得到保证。云南有一个令种植户尴尬的季节——旱季。每年春节过后的三四月份是云南的干旱时节，雨水少，日照强，河流水量低。这个时候，如果没有足够的水供应上，果树的生长就会大受影响。

按照他的计划，在果园的几个方向，要建8个蓄水池，蓄水量起码要达到50万立方米。这个数字还只是针对2400多亩果园而言，如果继续扩大种植规模，这个蓄水量显然还不能达到他的要求，也就意味着水源设施建设对于金泰果品公司而言是一件持续的事情。褚时健说，账面上永远有一笔钱是为每年的水源设备做准备的，这个一点儿也不能含糊。

橙子的口感问题要靠肥料解决

其实，当客人大夸橙子非常好吃时，褚时健倒不这么认为。“口感太淡了，尤其今年。”他对作业长们说，“水果不能太甜，太甜就吃不了几个，但又不能太清淡，不然没有吃的想法。”2006年褚时健定了一个任务，集中精力解决橙子的口感问题。

事情一旦定了下来，褚时健变得寝食难安。他好几个晚上都是凌晨三四点就醒了过来，这是睡眠状况一直很好的他少有的情况。既然睡不着了，索性就起来看书，当然是柑橘橙类种植方面的书。天亮了他叫上张启学，开车送自己去找一些农业方面的种植专家探讨。最终，褚时健决定把解决问题的关键点放在肥料结构的调整上。

褚时健时常召集作业长和部分农户开会，也请了不少专家一起开会，在果园基地办公室的黑板上写下氮、磷、钾、镁、钙、硫……各种营养元素，不断计算各种元素的比例。同时，他让生产技术部在果园里设了几个试验区，用不同配比的肥料进行试验，把试验结果交到实验室，进行记录、对比和分析。实验室是褚时健2003年就建立的，褚时健的科学精神给橙树种植带来了工业化气息。

一天晚上，他把从华宁请来的一位金泰公司的副总经理和一位玉溪柑橘研究所的专家请到办公室，三人坐在一起商量肥料的结构问题，一直到深夜12点，三人还在黑板上写写画画。太晚了，褚时健沉默了好一阵，最后说："我想了好久，是不是磷钾肥少了？"另外两人仔细看了看黑板，说："应该就是这个原因了。"他的判断是对的。对于果树需要什么营养，哪些成分是促进果树生长的，他看书时牢牢记住了这些内容。传统的橙树肥料是以氨肥为主，其他成分都很不稳定。生产技术部马上根据褚时健的意见调整了肥料的配比，很快效果就出来了，果树的生长、开花开始出现不同。2006年，橙子的口感就鲜甜了很多。两位专家没有觉察到的问题，倒是他这个"外行"先觉察出来了。

果园的有机肥也进行了调整。褚时健最早在果园使用的有机肥就是普通种植户使用的鸡粪。2003年以后，他开始往鸡粪里面加塘泥和草炭。到2005年后，他又加入了烟梗。这个配方是褚时健的独创，如果说塘泥和草炭、鸡粪都是以往农户能想出来的，而且市面上也大量在卖，那么烟梗的使用就绝对是褚时健的独家秘诀。在烟厂期间，他就通过烟厂的实验数据知道，烟梗的有机质含量很高，特别是钾的含量，几乎到了7%。在烟厂时期褚时健就经常琢磨这些烟梗该怎么二次利用，没想到几十年后他在农业上又用上了。而且因为他早年的烟厂经历，从烟厂得到废弃不用的烟梗并不难。

这几种有机质配合在一起的独特有机肥在果园产生了巨大作用，一棵橙树一年要施30斤的有机肥，不仅果树的营养得到提高，特殊的肥料也使土壤的团粒结构开始形成，使土壤更加透气。要说果园基地的土壤比相邻的土地肥沃，谁都无法否认。有一个数据可以说明问题，2002年，果园基地的土壤有机质比例不到1%，而10年之后，2012年的时候，有机质比例超过2%，到2015年，这个数字已经上升到3%。

怎么想到使用烟梗呢？这是因为褚时健在烟厂的时候就知道烟梗的数据，那时烟厂的废弃烟梗很多，褚时健总是想把它用起来，不然太浪费，他就让人对废弃的烟梗做过很多化验，发现里面富含钾元素等，但一直没找到合适的用途，没想到现在用上了。现在的一些收获，一定是因为以前有积累，哪有突然就想到用烟梗的？

肥料配比搞清楚了，肥料按要求配制出来，接下来施肥的过程褚时健也进行了精细控制。他和几个作业长商量了一套施肥的固定程序：在果树周围挖出1米见方、深20厘米左右的坑，把肥料撒上去，然后再盖上草、土。这看似简单，但要在2400多亩的果园每棵树都如此操作，并不简单。褚时健要求作业长严格执行这个操作标准，要随时进行抽检，有时甚至要扒开土层，看看施肥的数量和均匀程度。“必须全部统一动作。”褚时健告诉作业长。

肥料调整工作很快见效。2006年当年，橙子的口感就开始改善。到2007年，橙子爽口，甜酸比例、可溶物质比例都达到了褚时健的要求。

2007年，褚时健在果园基地建立了金泰自己的肥料厂。2006年，金泰果品公司的冰糖橙因为口感不错，在昆明和玉溪的零售店开始受到欢迎。到2007年，果园的冰糖橙总产量超过了2006年的1000吨，褚时健将借的钱全部还清。

第六条

好产品一定要让产业链的每一环都受益

如何让产业链的每一个环节都受益？通过合理的定价。定价本质上是一种利益切割方式，一定要通过合理定价保证产业链上下游各个环节在利益分配上的相对均衡。

褚时健认为，好产品一定要优质优价：只有优质优价，企业才有能力给原料供应商以优质的价格，鼓励他们供应优质的原料；只有优质优价，企业才有能力给好产品的生产者以激励，让好产品的生产者“兜里有钱，脸上有光”；只有优质优价，企业才能够给经销商以足够的利润，让他们做好销售及售后服务；只有优质优价，社会资本才会获得合理的投资回报，才会有持续投资的积极性。褚时健认为，好产品一定要代表各方的综合利益，是各方都认可都喜欢的好产品。褚时健在烟厂的时候，让云南省通海、宜良、陆良等地的几十万烟农的收入成倍提升，烟草公司、烟草销售终端点、烟草辅料供应商、卷烟设备供应商等等，无不跟着受益，烟厂员工的收入和自豪感也大幅提升，当然，受益最大的是国家。因为考虑到了各方利益，所以褚时健在烟厂时期做成了很多人当时认为不可能成功的事情，比如烟草公司、烟厂、专卖局三合一改革，由于利益分配考虑了各方诉求，依然得到从省领导到基层职工的上下一致的支持。褚时健经常讲，好的利益分配方案比思想工作更管用。

好的产品一定要让客户喜欢，这是毋庸置疑的，但是褚时健认为，仅仅让客户喜欢还不够，好的产品一定要让产业链的各个参与者都喜欢，要让产业链的上下游都能够从好产品中获益，这样大家才会有动力持续地、大规模地做好产品，才不会造假、才能够把产品所需的配套服务做好。

如何让产业链的每一个环节都受益？通过合理的定价。定价本质上是一种利益切割方式，一定要通过合理定价保证产业链上下游各个环节在利益分配上的相对均衡。

优质优价而非优质低价和优质高价

优质低价，短期来讲，对于消费者是最好的，但是，对于优质产品的生产者、投资者、原料供应商是不利的，他们努力生产出好产品，却得不到应有的收益，后面就会对生产好产品失去兴趣，就会减少产量，或者更常见的是，偷工减料，降低产品质量，以便在现有的低价区间内获得更多的利益。优质低价，是一种持续往下走的经营循环，最终产品会越来越差，消费者生活品质受到负面影响，其他相关方的利益也会受损。

优质高价，短期来讲，对于企业、投资方是最好的，但是，对于消费者则缺少持续的吸引力，如果一件好产品，价格定得很高，那么，消费者就不会持续成为企业的客户，他仍会有一种被压榨的感觉，消费者一旦撤离，与产品有关的其他相关利益方都没有了根基。优质高价，是一种持续萎缩的经营循环，消费者群体会越来越小，最后产品变成只有一个小圈子才能消费得起的奢侈品。

唯有优质优价，才是一个产品长期做好的保障。优质的产品，在消费者那里定出一个优质的价格，既不是太高，也不是太低，消费者是能够理解的，而且这种优价，体现了对消费者的让利，高价和优价之间的差价，就是转让给消费者的利益，这种让利加上产品的高品质，足以吸引越来越多的消费者持续购买企业的产品。同时，优质优价对于好产品的生产者、投资者、原料供应者、销售渠道等等，都预留了一定的利润空间，能够兼顾那些为生产好产品而做出贡献的各个利益相关方，激励大家为持续做好产品而努力。

终端定价要让消费者感到划算

红塔山香烟从1986年开始，由于品质好，市场供不应求，几乎每年涨一块钱。褚时健当时并没有纯粹根据市场的需求来涨价，那样的话价格会涨更多，而是把涨幅控制在每年一块钱左右，总是比消费者心中的估价低一些，而且经常是低不少。褚时健认为：“企业生产产品是要给消费者消费的，如果价格涨得太高，他们承受不了，买了一回也就不买第二回了。我们不这么干。我们的定价要让消费者有一种买了就是赚了的感觉，要让消费者能够享受到产品所带来的价值，同时让消费者付出的成本低于他们的预期，这中间有一个差价，就是给消费者的让利，消费者作为企业发展的长期支持者，理应享受到这些让利。”

褚橙第一次在北京销售的时候，也面临一个定价问题，定多少合适？褚时健的想法是：“橙子我们花了大心血，价格要体现它的高品质，不能比国外橙子便宜；但价格也不要定得太高，不然大众消费不起。”基本上和当年红塔山定价是一样的逻辑。

出厂定价一定要让渠道经营者有利可图

1994年3月10日，云南省烟草公司开办的中国第一个卷烟交易市场挂牌开业，全国有442家烟草经营公司的代表蜂拥而入。这是香烟第一次在现场以拍卖方式进行订货交易，买卖双方都很激动。拍卖会一开始，昆明卷烟厂的云烟首先开拍，62元开价，72元成交。10元的提升！这让人激动不已，要知道这是一条烟的差价。等到红塔山时，从64元起拍，一路攀升，到76元时还有人在继续举牌，这几乎已经是零售价了！褚时健往下面看了看，举牌者依然无数。褚时健退到一边，思虑了一下，对报价人耳语了几句。报价人惊奇地看向褚时健，说：“不是开玩笑吧？”褚时健拍拍他的肩，继续坐到了一边。下面的人耳语纷纷：“褚老板啥意思啊？”报价人定定神，说：“刚才褚厂长说了，因为价格太高，玉溪卷烟厂放弃交易，按原价销售。”静默了两秒后，全场掌声雷动。昆明卷烟厂厂长走到褚时健身边伸出手来握手，说：“老褚，高！我们服了。”

褚时健的想法再明显不过，在零售价无法更改的情况下，拍卖（订货）价格越低，渠道经营者的利润就越能得到保证。只有渠道经营者的利润得到保证，大家才有动力卖你的好产品，才会为好产品提供相应的配套好服务。相反，如果渠道不赚钱，即使是好的产品，他们也不愿意卖，即使有一些销量他们也不会太上心，主动为消费者提供好产品所需的好服务更是靠不住。

在褚橙营销网络搭建的时候，褚时健很少过问具体的事情，但是，他每次和销售负责人交流的时候，总是会专门问问经销商有没有足够的利润，总是反复叮嘱要给经销商留够合理的利润，不能让经销商吃亏。

采购定价要引导供应商拿出好东西

对原料的定价是企业定价体系中的一部分，而且是很重要的一部分。相对于很多企业在原料采购中尽可能压价的方式，褚时健在和原料供应商打交道的时候总是喜欢多给原料供应商一些利润，价格尽可能高一些，补贴尽可能多一些，目的只有一个，让原料供应商尽可能生产出更多的高品质原料出来。褚时健深知，好产品一定要有好原料，好原料比好的加工设备更重要。要让原料供应商有动力持续供应好原料，一定要主动给他们优质的价格，这个优质的价格既要能够覆盖他们的成本，又要有一定的合理利润。不然，原料供应商就可能因为其他种种原因不能持续为企业供应优质原料，甚至会供应劣质原料。

在玉溪卷烟厂，褚时健为了鼓励烟农按照烟厂要求的方式种烟，在肥料、烟田道路整修、水池水库修建、烤房修建等方面制定了几项惠农政策。烟厂提供给烟农的肥料必须平价；凡属于烤烟种植过程中烟田修的道路或水池水库，一律烟厂出钱；烤房的新建、改建也由烟厂给予相应补贴；烟农种烟所需薄膜、地膜、营养袋等均由烟厂出钱。为了进一步激发烟农种烟的积极性，褚时健不断加大对烟农的补助力度，甚至将卷烟厂的一部分利润也拿出来作为补助发放给广大烟农。不仅补助金额每年大幅增加，褚时健还想提高烟草收购价格，因为当时烟草价格由国家统一定价，个人和企业无权私自调价，褚时健就想出很多种价外补贴的办法。

对于设备的采购，动辄几百万元，甚至上亿元，几十亿元，褚时健更关注的是设备能给企业带来的综合效益的提升情况。当年褚时健在玉溪卷烟厂花第一笔大钱进口MK9-5型卷接机时，虽说MK9-5的价格差不多相当于60台“新中国”牌卷接机的价格，但褚时健希望的是厂家给予更好的后期安装、培训和维护服务。从褚时健的大钱支出可以看出，褚时健始终在关注谁家的设备更先进，更适合玉溪卷烟厂，更能够给企业带来好的综合效益。对于设备供应商来讲，褚时健确实是打着灯笼都难找的好客户，他们也愿意倾囊相助，派出大量有经验的技术专家常驻小城玉溪帮助卷烟厂消化技术的使用要领并维护设备。

从来不和竞争对手打价格战

在处理和竞争对手的关系上，褚时健并没有太多专门的论述，但是从有记载的资料来看，褚时健从来没有和竞争对手打过价格战，相反，却出手救过几个同业企业，比如延安卷烟厂、涪陵卷烟厂、红河卷烟厂。在和同业打交道的过程中，更多可以找到的资料是褚时健向同业学习，和同业交流合作的事实。

不打价格战，是褚时健小时候从妈妈那里学来的理念。小时候烤酒，距离村子两公里多是比较大的禄丰车站，那里人多，酒好卖。但因为三伯家也在那里卖酒，褚时健母亲担心两家斗气，就让儿子挑着酒到14公里远的一个小车站去卖酒。小车站的集市每四天赶一次集，最开始母亲和儿子一起去卖，两人轮流挑担子。但家里事情太多，母亲实在脱不开身，几次之后褚时健就独自一人去，有时实在太累，就花钱请个小工帮忙挑到集市上。虽然走了很远的路，但是因为避开了不必要的竞争，褚时健的烤酒卖得很好，三伯家的酒也卖得不错，两家皆大欢喜。

在褚时健的观念里，价格战属于追求短期销量的非理性行为，简单粗暴的价格战，短期对于经营会有一些立竿见影的效果，长期来说，基本是一种饮鸩止渴的行为，会让人们忽视更为关键的质量，会破坏整个行业的生态，也会打破一个行业长久努力而形成的合理的利益分配格局，不利于行业稳定，也不利于消费者的长久利益。

褚时健无论经营烟厂还是种橙，他一直主张，好产品是产业链上下游共同合作才能做出来的，要想让产业链上下游都愿意为做出好产品而通力合作，必须让产业链各个环节都能从好产品中受益，保证各环节受益的办法是进行合理的定价。优质优价是产业链各环节之间进行利益切割的最重要标准，坚持这个标准，好产品才可能持续、大规模地生产出来。

第七条

用标准化的手段打造好产品

好产品的各种质量的规定性指标，当然是来自客户的感知，是对客户感知的精准描述，企业的研发、生产、销售体系要建立保证最终目标实现的过程标准，只有严格地贯彻执行这些过程标准，生产出来的产品才有可能符合最终标准。

好产品是一个结果性指标，企业要做出好产品，必须把控好过程，把控好生产的每一个关键环节。怎么把控？褚时健认为仅仅凭主观感觉是不够的，一定要有一个客观的、明确的、系统的标准，最好能有准确的数字界定，这样才能把控好过程。褚时健在酒坊的时候总结出在苞谷蒸煮环节要每两个小时添一次水、调一次火的标准，在发酵环节，发酵箱的温度要保持不低于正常体温（37～38摄氏度）的标准，从而大大提高了出酒的质量和出酒率；在种烟的时候，褚时健借鉴美国烟农种植烟叶的经验，提出了烟草种植的“十条规范”，对于如何育苗、种植、施肥、浇水等等，都有着明确而详细的规定，特别在种植的行距间距方面，直接规定每亩地种植不得超过1300株；在烟草收割方面，原来烟农总是在8月份就急于收割兑换现金，褚时健则要求必须等到9月、10月才能收割，因为只有那个时候，烟叶才会足够成熟，成为高等级烟叶的可能性才大得多。由于实现了烟叶种植的标准化，玉溪卷烟厂1988年从烟叶基地收获的上等烟叶已经能够占到全部烟叶的40%以上，中上等烟叶比例超过85%，这已经是国际先进水平了。在种橙时，褚时健根据每个基地的土壤情况精确配置了适用于不同基地的有机肥标准，有机肥中对于塘泥、烟梗、鸡粪的含量都有着明确的要求；在施肥过程中，对于施肥的深度、数量、时间也都有着严格的规定。选果更是如此，对于橙子的颜色、大小、酸度、甜度、化渣率、有没有内伤、有没有花斑都有着严格的标准，对于C8、珍品、特级、优级、一级，每一级都有着明确、系统地用数字来表示的标准。

一个好的工匠可以仅凭感觉就能够打造出好产品，但是一群人要想持续地、大规模地打造出好产品就不能仅仅依靠感觉，而必须依靠标准，依靠产业链上下游精确的、系统的、数字化的标准，用标准来界定产品的细节。一颗好的橙子，要在酸度、甜度、化渣率、外观光洁度、个头大小等诸多指标上都达标，否则就不是好橙子；一支香烟，要在协调性、香气、劲头、湿润度、干净度、回味、杂气等方面全部达标，否则就不是好烟。

好产品的各种质量的规定性指标，当然是来自客户的感知，是对客户感知的精准描述，企业的研发、生产、销售体系要建立保证最终目标实现的过程标准，只有严格地贯彻执行这些过程标准，生产出来的产品才有可能符合最终标准。

用严格标准打造出来的世界级烟叶和橙子

褚氏农业所在的哀牢山地区，光照充足、积温充裕、雨水充沛，是适合热带或亚热带水果生长的理想区域，水果种植面积一直都不小，种类也比较多，甘蔗、香蕉、芒果、柑橘……应有尽有。但是，在褚时健种橙之前，当地的傣族和彝族果农都是按传统的方式种植水果，尽管种植面积大、产量也不小，却几乎没有出现过全国闻名的产品。

褚时健一开始就采用管理工业的思维管理农业，他认为，工业生产领域的一些好的做法同样适用于农业，比如生产过程的标准化管理。他认为，没有生产过程的标准化，就不可能大规模地生产出可靠的、高质量的农产品。尽管农业生产相对于工业生产来讲，面临的不确定因素更多，风霜雨雪、风云变幻，每一天的阳光都不一样，每一年的雨水都有变化，但外部的高不确定性并不意味着农业生产不需要标准，可以随意跟着农民的感觉来操作。相反，农业生产从某种意义上讲，更需要标准，农业生产工作者需要根据外部环境的变化，及时采取相关的应对措施，以保证农作物的生长指标处在设定的范围之内，一旦生长指标超出或达不到设定的指标，就要快速采取干预措施。只有全过程达标，最终的产品质量才能够达标。

褚时健把科学种植的标准引入褚氏农业的新平基地，用不到10年的时间，就打造出了远超国内同类产品的褚橙，甚至超越了美国加州的著名柑橘品牌新奇士。同样的故事发生在褚时健管理烟厂时期，褚时健当时在云南的宜良、通海、江川等地，开辟玉溪卷烟厂的“第一车间”，带领当地种了几十年烟的农民，种植出了当地从没有出现过的、国内顶级、世界一流的烟叶，而且是大面积、可持续的高质量烟叶，使云南的烟叶种植进入全国的领先行列。

同一片天空、同一片土地、同一群农民，千百年来都种不出好东西，为什么褚时健可以？褚时健依靠什么让农民种出了世界知名的烟叶和水果？主要靠的是全过程的作业标准体系，这是褚时健经过多年的持续不懈的探索建立起来的，云南的烟农和褚氏农业的果农实际上是在用一种全新的方式种烟和种橙，他们所秉持的标准是以往靠经验种植时代完全没有的，也是想象不到的。

- 在花芽现蕾时，要用0.2%的磷酸二氢钾+0.15%的硼砂喷花。
- 在盛花期，根据花量每株补施氮肥70 ~ 100g。
- 第一次生理落果结束后，要用30 ~ 40ppm赤霉素保果。
- 在70%以上的橙树开始第二次生理落果时，用50ppm赤霉素保果。
- 打完保果剂，每隔7 ~ 10天用手动式喷雾器喷一次800倍多丰素+1000倍钙田力。同时剪除树上的干枝、枯枝及流胶病枝，并集中烧毁。
- 果园内20厘米以上的杂草要清除干净。
- 施肥沟，深30厘米、宽20厘米、长80 ~ 100厘米，每株橙树施有机肥15斤+复合肥0.6斤。

……

不仅仅在种植环节有着严格的标准，在采摘后的选果环节，也有着严格的系统的标准，采摘后的橙子被送往褚氏农业的自动化的选果工厂，选果设备通过光谱等综合技术，可以识别橙子的酸度、甜度、内伤、光洁度、大小等指标，并根据这些指标把橙子分成：C8、珍品、特级、优级、一级、花斑果等级别，只有一级以上的橙子才能叫“褚橙”。

在严格的、系统化的标准保障下，褚氏农业与同行的距离越拉越大。经过七八年对果树的精心管理和培育，褚橙基地的冰糖橙有了独特的口感：清甜、化渣、易剥皮，外观圆润，平均个头比一般的冰糖橙要大。褚橙已经具有了独一无二的识别性，市场价值也达到了国内同类产品的3～5倍。

烟叶种植标准的建立——学习标杆

标准建立的最简便方式是在全球范围内学习同业标杆。褚时健在玉溪卷烟厂开辟“第一车间”时，用的就是这种方式。云南省是全世界烟草专家公认的适合烟草种植的省份，但是在褚时健大规模开辟“第一车间”之前，云南生产的烟叶，质量普遍不高，根本原因在于种植方法不科学、不标准。褚时健执掌玉溪卷烟厂之后，很快就意识到烟叶种植的重要性，在左天觉和琼斯的帮助下，褚时健到美国烟草种植业最发达也是全球烟草种植业最发达的弗吉尼亚州考察了一个月的时间，取回了美国烟草种植行业的“真经”——一本详细记录烟草种植方式的小册子。美国烟农的这本小册子非常详细，具体到种植时烟草间的株距、行距、每月根据温度的浇水量、收割时的各种指数等。

回到玉溪后，以在美国的烟农种植手册为范本，褚时健请了通海科委和农科所的专家技术员制定了自己的烟叶种植“十条规范”。这个在烟厂一直被称为“十条规范”的条例经过不断丰富，早已不止十条，总共有二十多条，从量地、整地、植株间距到肥料比例、生长期等，对每个环节都事无巨细地作出了明确规定。

果然，这个“十条规范”一推出，立即成为玉溪卷烟厂指导烟农们的金科玉律。烟厂2400多亩烟草试验田很快获得了巨大成功，平均亩产746斤，高于云南全省的平均亩产量484斤；烟叶质量优良，中上等烟叶占比达80%，而以前这一比例仅为20%。

烟厂后来培养了3000名烤烟技术指导员，专门用于推广“十条规范”，让指导员下到每户烟农的烟田里，手把手指导。一个村子四五十户烟农，分配两三个指导员蹲点。株距多少，行距多少，栽种、收割时间的控制，肥料的总量，肥料的结构……每一样都用数据标准控制好，彻底把传统的栽种过密、肥料结构单一、过早收割的问题解决了。云南的烟叶种植从此一路领先。当年玉溪卷烟厂关于烟叶种植的一些标准，后来成为全国的通行标准。

黄龙病防治的标准化——大数据的积累和挖掘

冰糖橙树的黄龙病类同于人类的瘟疫，传染性极大。只要一棵橙树患上，整片果园就全面遭殃，除非立即挖除、烧毁。黄龙病曾让云南宾川和华宁两个种植柑橘的大镇盘溪、华溪的柑橘果园、冰糖橙果园毁灭殆尽，褚时健的果园也曾遭受黄龙病的侵害，最初老农场留下的3000多棵果树，就因为黄龙病而只剩下不到1000棵。所以在果园，每年防治黄龙病是紧急级别最高的大事。

黄龙病源于一种叫木虱的病虫害，就是这种小虫子传播黄龙病毒。黄龙病毒无法治愈，只要一染上，只有一条路可走——砍树。所以，对付木虱的唯一办法只能是预防。专业技术人员提供了很多方案，最终褚时健制定了自己的一套标准方法。

时间上的提前量是预防黄龙病过程中褚时健最看重的，如果在木虱高发之前做好预防，木虱存活率必然低很多。所以在褚氏农业自己的实验室，技术员很早就开始研究果园一带木虱一年的生活规律：什么时候产卵，什么时候出幼虫……林林总总的数据，褚时健要求技术人员都要拿出来。有了足够的数据支持，就可以在木虱即将泛滥的季节，在果园同时开始喷洒药水。褚时健要求喷洒农药必须同时进行，所以每个农户从公司统一领到农药后，在各自作业长的协调下，于同一时间对果树喷洒农药。之所以要同时喷洒农药，是为了一次性将木虱消灭，不至于后续再有传染现象。为了保证喷药的效果，褚时健要求果农做到五统一：统一药品、统一时间、统一工具、统一喷法、统一用量。

在这种工厂式标准化的运作下，褚橙基地的黄龙病发病率不到千分之一。而著名的柑橘橙生产大县华宁，最好的数据也只是百分之一。

橙树种植密度标准的探索与建立
——观察、试错与经验累积

褚橙庄园的橙子2006年开始全面挂果。但是，2400多亩2号冰糖橙果树全部产量只有14吨，也就是每棵树结的果子不过六八斤而已。尽管果树还处于幼树阶段，挂果量少是肯定的，但是，每棵树只有六八斤还是偏少了些。褚时健叫作业长去数了数树叶和果子的比例，算下来，一颗橙子对应超过了100片树叶，几个作业长都说确实比较低。什么原因？没有人说得出来。

褚时健开始钻研书籍，请专家，他把各种能够找到的有关柑橘种植的书籍都放在身边，把各级柑橘种植研究所的专家请到果园，寻找原因，商量对策。褚时健注意到，果园边缘地带的果树挂果情况比其他地方要好。边缘地带的特点是地形起伏，面积不规整，所以果树种得比较少。在2002年和2003年种下果树时，基本是按传统的每亩146棵的标准来种，间距、株距也按作业长和农户的经验来执行。而边缘地带的果林，每亩100棵都还达不到。褚时健判断应该就是果树过密导致的，果树过密使阳光资源、土地肥料资源被过多分摊，单棵营养不足，导致挂果不多，即便挂上后能保留的也不多。他把作业长们叫过来，说："我看要间伐，先找块地试一试。"作业长们心里都很是犹豫，怎么伐？从来也没这么做过啊？辛辛苦苦从小果苗培育成了果树，再过几年就是丰产期的大果树了，现在砍？太难了！褚时健很坚决："我看差不多是这个问题，先拿个一两亩试一试。"

于是，作业长开始在各自的片区找出一两亩地，试验间伐。第一次，先砍十来棵，褚时健来检查，不行，再砍！又是一二十棵……直到每亩地剩了90棵左右，好了，等待一段时间，看效果。

果不其然，效果在很短的时间里就出来了，间伐过的果树长势明显比其他果树要好。褚时健拍板："砍！每亩到80棵左右，就算达标了。"

但是农户们哪有那么轻易答应砍树呢？这些树都是能结果的树，砍了树岂不是要影响几年的收成和收入？所以农户们都拖拖拉拉不肯动手。没办法，褚时健制定了新政策，砍一棵，补助30～40元。有了补助，农户心理平衡了很多，开始陆续砍树。从2006年开始，2007年、2008年、2009年，树一年一年长大，几乎年年都在砍树。一个管理了3000棵果树的农户，已经砍到了1700多棵，每亩地的产量却逐年增加。农户以前需要补助才肯砍树，现在不要补助，还主动去砍。作业长常常要去盯着农户，不能砍多了。

几年连续砍树后，果园基本保证了每亩地只有80棵左右的规模。这个比例的好处非常明显，一是果树的结果量大幅度增加，二是每个农户名下的果树减少后，投入每棵果树的精力大大增加，更保证了橙子的质量。

剪枝是果树种植行业中很重要的一项管理技术，特别是柑橘橙类的果树种植，因为生长速度较快，枝条生发丰富，如果任由其生长，会造成树形不规整、透光性差，导致橙子质量差，而且更重要的是，果树寿命会极度缩短。一棵修剪得当的冰糖橙树寿命可以超过50年，而毫不修剪的冰糖橙树可能10年也活不到。

一个对剪枝技术掌握成熟的农户，不仅要分清楚什么是营养枝什么是结果枝，更重要的是站在树边临时判断该怎么剪的能力，要判断阳光的方向、树龄的大小、树形的长势……作业长们知道，要真正掌握剪枝技巧，没有几年的时间是不可能的，因为剪完枝还要看剪后的效果，果树长得好坏、结果如何，才能最终判断是否剪成功了。

褚时健在刚刚开始种橙时，对修剪技术完全不了解。但几年过后，作业长们发现，褚时健走到果树边拿起剪子就能剪，剪得有时甚至超过自己。褚时健的剪枝技术是他年复一年看书琢磨、不断动手剪枝、在挂果时比较不同剪法而得来的。这不仅需要时间，更需要态度，高度认真的态度。

在传统的冰糖橙种植领域，剪枝和控梢都有固定时节。比如控梢，在湖南、广西等集中种植冰糖橙的地区，是不会控夏梢的。但在褚橙基地，控梢一年四季都在进行，控夏梢的次数相反比其他季节要多。哀牢山地区夏天气温高，而褚橙基地的施肥和浇水都比较勤，导致夏梢较多，所以褚橙基地在夏天必须开展4～6次控梢的工作。在控梢的技术指导手册里，有一条规定：嫩梢在10厘米之内必须控除干净。这个数字在任何农业科学书籍里都是没有的，是专属于褚橙基地的数字。剪枝也一样，褚橙庄园一年四季都在剪枝，传统的剪枝方法在褚时健看来是不彻底的，褚时健对于一年四季的剪枝法有不同的规定。因为规定详细，基地每年都要有一项雷打不动的培训：剪枝培训。农户集中到一起，由作业长先做示范，然后农户各自下地实践，通过后回到自己负责的果园里进行剪枝。作业长在农户返回自己果园后，要一家一家进行检查和指导，不达标的农户要继续指导，直到合乎标准，作业长才可以放手。这项工作的考核不仅针对农户，也针对作业长。而作业长对于剪枝的要求，也基本是统一的，这源于培训前与褚时健共同定下的当年当季的剪枝标准。

褚橙基地每棵树的挂果量，到2015年，已经达到80～100斤，每亩产量在4～5吨的水平。在国际上，农业水平比较高的美国和澳大利亚等国家，橙树亩产的最高水平也不过3吨。在云南偏远的哀牢山上，褚时健实现了对国际水平的突破。

标准制定后的执行——培训、示范、奖惩

标准确定好后，如何把标准执行到位，褚时健有三个基本方法。

第一，年复一年地对果农提供科学技术知识和具体操作能力方面的培训，褚氏农业的果农应该是中国受专业操作培训最多的果农，只要有大规模的作业活动，开始之前总要由作业长和技术员组织操作培训。

第二，强化作业长们的带头作用，果农学习培训的每一步，都要有作业长带着走。作业长不仅要对果农进行培训，还要手把手地教，教完后一家一户地严格检查，发现问题立即纠正。

第三，是精细的奖惩制度。北京大学黄铁鹰教授曾经对褚橙的生产经营案例做过研究，他记下了一份2013年褚橙基地的工作标准与奖惩办法：

- 2月份溃疡病检查，四年生树及挂果树按15片叶/株的标准，扣除预支生活费10元/株；一、二、三年生树按3片叶/株的标准，扣除预支生活费10元/株。
- 春季修剪不到位，树冠内堂通风透光不好，检查时扣除预支生活费100 ~ 200元。
- 在焚烧疏除枝梢及剪除的干枯枝时，若烧到果树，扣除预支生活费50 ~ 100元。
- 顶果工作检查，发现坠地果以50个为基数扣除预支生活费20元，每增加10个多扣5元。
- 除草剂危害果子检查，以5个为基数扣5元，每增加5个多扣5元。
- 日灼果检查，发现未用纸包裹的，以5个为基数扣5元，每增加5个多扣5元。

……

看得出来，褚时健是用细到不能再细的条文约束农户们必须往工厂化管理的方向走。

一次褚时健到果园巡看果树，发现树上有一种先期打药本该消灭干净了的虫子，马上把质保主任叫来："这是什么？"质保主任慌了："打药了呀。"褚时健叫他把当时打药的一些工具收上来，拿过来一看，褚时健火了："制度上写得很清楚，树长到3米以上，树体很大的情况下，要更换大的打药机，你这些小小的喷雾器怎么行？工作这么马虎，你对谁负责？人家看着你是打药了，其实一点作用也没起！"褚时健平时很和蔼，但在做事上要求向来很严格，最后质保主任被撤职。

经过几年的强制推行，农户改变了自己过去的种植方式，按照褚时健的操作标准种出了世界顶级的橙子，农户得了实惠，也渐渐明白了其中的道理。

第八条

敢于放权，不揽权

褚时健做任何事情，包括管理企业，都是喜欢抓大放小，对于下属能做的事情，他一般不会过多干预，会放手让下属去干。

褚时健在酒坊的时候，妈妈看他做什么事情都有模有样，除了晚上害怕他睡过头偶尔会起来到酒坊看看外，其他都放手让褚时健自己做。褚时健在烟厂进行设备改造的时候，他会放手让邱建康等年轻的技术能手去尝试；在20世纪80年代中期花2 300万美元巨资引进国际先进设备的时候，他会放心让烟厂的总工程师进行测算选型；在进行“第一车间”建设的时候，他会把上亿的资金交给更懂得农田基本建设的技术人员等人进行管理；在烟叶采购方面，他只是给出一个基本原则——要敢于出高价购买优质烟叶，收购参考每一等级烟叶的收购指导价，具体的采购工作就放权让一线采购人员根据情况自己把握，有时候采购人员做出了超出规定的决策，比如说以超出规定的高价收购了一些顶级烟叶，可以不用向褚时健汇报，自己做主，只要烟叶质量真的好。在种橙子的时候也是这样，在日常的种植方面，几个作业长很有经验，褚时健就放权让他们管理，几乎从来不会越权指挥农户做这个做那个；在营销方面，特别是互联网营销上，外孙女和外孙女婿很有想法，褚时健就授权让他们放手去做。由于敢于放权，褚时健做任何企业都不是太忙，他的主要精力都放在关键环节、关键问题上，别人解决不了的问题、环节，才是他需要用心的地方，别人能做的事情，他会放手让别人去做，让下属获得成就感。

褚时健做任何事情，包括管理企业，都是喜欢抓大放小，对于下属能做的事情，他一般不会过多干预，会放手让下属去干。

用人不疑，建立信任很重要

用褚时健自己的话讲，“你对人有一个基本判断，大方向没问题，具体事情就不会出格到哪里去，要敢于大胆让他们干”。

这一点褚时健最早是从他母亲那里学来的。在褚时健负责家里酒坊的时候，妈妈看他做什么事情都有模有样，基本上很少干预，除了晚上害怕他睡过头偶尔会起来到酒坊看看外，其他都放手让褚时健自己做。

在昆明的龙渊中学，褚时健的放权思想进一步得到强化。当时学校对于学生生活的管理有一条基本原则，那就是放权让学生自己管理，褚时健作为同学们选出来的生活委员，在预算极为紧张的情况下把大家的一日三餐安排得井井有条，让老师同学都惊叹不已，这使他深切感受到老师们放权的必要性以及放权给同学们带来的好处。

第三次强化是他在游击队时期遇到的连长李国真的信任。作为上级的李国真看到褚时健虽然人小，但很会做思想工作，就把他从“排服务员”直接提拔为连指导员，放手让他负责游击队员的思想工作，小小年纪就被赋予大权的褚指导员竟然按照自己的方式把游击队的思想工作干得有声有色，解决了当时各游击队最头疼的人员流失问题，在褚指导员的思想工作影响下，再没有人当逃兵。

母亲、老师、李国真三个敢于放权的“领导”让褚时健切身体验到放权的必要性，也养成了褚时健一辈子信任人、敢于放权的习惯。

我信任你，你大胆干，闯祸了有我在

对于提拔起来的中层干部，褚时健向来采取的态度是：信任、放权。烟厂当时对外业务账目巨大，涉及几亿元资金的业务比比皆是，副厂长们有时有些畏惧：“厂长，数目太大了，还是你来签字吧。”褚时健的态度是：“你签！我既然信任你，就让你干，你不要胡来。我给你一张委托书，闯祸了有我在。”

玉溪卷烟厂的中层干部当时有一个共同特征就是：敢干。这不能不说是褚时健给的信心。赵德才在管理“第一车间”的烟叶开发工作期间，平均每年有10多亿元的用钱权，但他没有出过纰漏。所有验收合格的烟叶交上来，赵德才一般让具体负责人签字，给他看看就可以了。“你可以放心吗？毕竟数目大。”赵德才说：“我们其实也是传递褚厂长的信任，他信任我们，我们信任下面的人，大家形成一个信任机制。那么多年，一点问题也没有。”

放权之前，要做到心中有数

褚时健敢于放权，但并不是随便放权，在放权之前他会对要放权的人进行考察。

首先是对人进行选择，要选对的人。什么是对的人，褚时健的原则是实在、肯干、不会耍嘴皮子的人。褚时健在烟厂进行设备改造的时候，他会放手让邱建康等年轻的技术能手去尝试；在20世纪80年代中期花2300万美元巨资引进国际先进设备的时候，他会放心让烟厂的总工程师李振国进行测算选型；他在烟厂工作的后期，几个副厂长自己就能批出几亿元的费用。这些人都是他认真考察过的，他心中有数，不会出什么大问题。

其次，授权的大小要合适。在进行“第一车间”建设的时候，他会把上亿的资金交给更懂得农田基本建设的技术人员赵德才等人进行管理，虽然是上亿资金，但褚时健都是认真计算过的。20世纪90年代，玉溪卷烟厂在陆良、师宗、泸西、石屏等地开发管理了67万亩烟田，一次褚时健到陆良基地处理浇地的问题，因为抽水设备不够，烟田缺少浇灌，厂里必须马上处理这件事。褚时健带着赵德才在烟田里看了一天，回到住处后，褚时健对赵德才说：“我给你9000万元，你把陆良烟田的浇水问题解决了。”赵德才惊呆了：“9000万元！褚大爹！你今天一表态就是9000万元，等把这几个基地跑完，厂里要支出多少钱？”褚时健埋头吃饭，说：“不要紧，我心里有数。”

给下属明确原则，然后鼓励下属按照确定的原则大胆干

褚时健在放权之前，会和下属明确权力使用的基本原则，在坚持基本原则的情况下，下属可以结合实际情况自己把握。

比如烟叶采购，他就是给出一个基本原则——要敢于出高价购买优质烟叶，收购参考每一等级烟叶的收购指导价。具体的采购工作就放权让吴仕祥这样的一线采购人员根据情况自己把握。

采购部门负责人吴仕祥原本供职于玉溪烟草公司，“三合一”后到烟厂工作，主要负责烟叶采购和质量把关。为了采购到上好的烟叶，他经常到滇西一带，有时甚至到中缅边境进行采购。有一次，吴仕祥到大理巍山，发现一批烟叶非常好。以他专业的眼光，这批烟叶超过了国家标准，属于特级烟叶，但价格非常贵，要130元钱一担。吴仕祥有点犯难，因为烟厂的政策是烤烟叶除了国家规定的价格以外，每担烟在100元以内采购人员可以签合同。但烟叶实在太好了，吴仕祥不舍得。20世纪80年代末期，通信很不方便，吴仕祥打了几次长途电话都找不到褚时健。他心一横自己决定做一回主。“大不了不干！换个单位上班，反正是厂长自己要求必须买好东西的。”

几天后，吴仕祥回到玉溪，硬着头皮去见褚时健。不等黑着脸的厂长开口，吴仕祥就说：“我知道我超支了，而且先斩后奏，对不起。但是你应该表扬我。”他掏出纸笔给褚时健算了一笔账，从各级烟叶每担的淘汰

率开始算起，最后总结出来，一担上好的烟叶虽然进价高，但带来的香烟成品的利润则更高。

吴仕祥没说完，褚时健就乐呵呵地在他的肩上大力拍了一下："对了嘛！工作就要这么干！"

敢作敢当，也喜欢敢作敢当的下属

用褚时健自己的话讲："国家既然放权给我们做，那就是相信我们。在工作上也是如此，信任很重要，我这个人，不管风险大小，只要完全放权给我，我都敢作敢当。失误了，我改进，我做检讨，我自己承担后果。"

褚时健并不喜欢企业的中层干部只是一个传声筒而没有自主判断的意识和能力，他喜欢像他那样的敢做主、敢担当的下属。2014年秋天，云南干旱，日照过强，许多树上的橙子都被晒伤了，褚时健很着急，从玉溪赶到果园去查看情况。他把几个作业长召集在一起到果园现场商量解决方法，褚时健告诉他们："这么个晒法，过几天橙子就会往下掉了，你们赶紧套袋。"他没想到的是，几个作业长说，因为着急，没和他商量，已经采买了10万元的袋子，马上就准备套了。褚时健听了很欣慰："对嘛，你们主动一些，我就省心多了。"

褚橙庄园基地的工作计划都是由作业长来制订，每年肥料结构的调整、灌溉的安排、施肥的时间、剪枝的培训和执行、农户工作的监督和检查，都是由作业长来负责。这些工作的质量以及工作中表现出的主动性也决定了作业长们一年收入的多少。

大力支持下属按照政策办事

王学堂说他和褚橙庄园的另外几个作业长在农户中的威信基本上是靠“打”出来的——并非真的拳脚往来，而是各种冲突不断。请来干活儿的农户大都是当地的少数民族农户，王学堂本来约好早上8点在地里见，给他们说说生产的事情。结果农户8点来打个照面，马上掉头就要去吃早饭。吃完早饭还要背着小酒壶和下酒菜上山来，干1个小时左右，10点过后就开始吃吃喝喝，晕晕乎乎的，一整天都干不了多少活儿。王学堂脾气不好，屡次劝说无效时就会上门，“门都踢烂了还不出来”。遇到这种情况褚时健总是站在作业长这一边，不会耳根软听下面人告状。

有一次，褚时健的一个远房亲戚来果园干活儿。王学堂指导他把地里的草除干净些，大概要求严格了一些，这位远房亲戚生了气，竟然去把王学堂家的菜地给破坏了。王学堂就冲到褚时健面前：“这个亲戚您自己管好了，再来搞一次我就打他。”褚时健听了笑笑，转头就让亲戚回了家，不让他再在果园干了。

褚时健的信任、放权和支持，让属下个个心服口服，无不对工作全力以赴。按王学堂的说法，“现在我们30多岁，跟他学，做人做事都学，以后做什么事情，按他的态度去做，至少是不会饿肚子的”。

由于敢于放权，褚时健做任何企业都不是太忙，他的主要精力都放在关键环节、关键问题上，别人解决不了的问题、环节，才是他需要用心的地方，别人能做的事情，他会放手让别人去做，让下属获得成就感。

第九条

通过成为内行来进行有效控制

控制的关键在于内行，领导对授权给下属的事务比较内行，本身就是一种无形的震慑，无论做什么企业，他总会想办法使自己尽快从门外汉成为行家里手，他坚信，外行管不了内行，只有领导自己明白，才不会瞎指挥，才能够进行有效控制。

褚时健无论做什么企业，总会想办法使自己尽快从门外汉成为行家里手，他坚信，外行管不了内行，只有领导自己明白，才不会瞎指挥，下属工作才会有效。负责酒坊的时候，没有相关的书可以看，他就观察三伯家师傅的做法，记下关键操作要点然后照着做，并思考这么做的道理，不久之后，他自己就成了烤酒行家，而且在出酒率上很快超越师傅。在糖厂的时候，他不像很多厂长经理习惯坐在办公室里，而是大部分时间跑到现场观察、询问、讨论、试验，跑到邻近或外地同行那里学习，不到半年，他就弄明白了制糖过程中的所有环节、所有技术和所有设备。刚到烟厂的时候，也是一样，他几乎每天一早就到卷烟车间，这儿看看，那儿瞅瞅，很快对卷烟生产所涉及的原料、工序、设备、技术等了然于胸；为了引进先进设备，褚时健亲自到欧洲各大设备制造企业以及卷烟厂去参观、学习，别人去学习基本上是大部分时间去旅游，小部分时间去学习，褚时健正好相反，在欧洲期间，他几乎每天都在观察学习和交流，根本没有兴趣去逛街和购物。为了提高烟叶质量，他在美国弗吉尼亚州的烟田待了几乎一个月，大部分时间是和烟农以及烟草专家交流学习。种橙子的时候他去华宁县牛山柑橘厂学习、去大理宾川学习，请云南农业大学、云南农业科学院、华中农业大学的专家到橙园指导工作，枕边一直放着各类介绍柑橘种植、病虫害防治的书籍。褚时健曾经说过，做任何一个企业，你不一定要成为每个环节的专家，但你必须做到内行，要深入了解生产好产品的关键环节所在，否则，你就是外行，外行是管不好内行的，既抓不住工作关键点，也无法进行有效的控制。

褚时健敢于放权，而且放权力度非常大，但是在他管理几个企业期间，很少因为放权出问题，他放权的同时做到了很好的控制。他是如何进行控制的呢？他并不是像一般企业那样，通过加大纪检监察审计力度，通过强化审批流程等方式加强控制，他有自己的控制之道。他认为，控制的关键在于内行，领导对授权给下属的事务比较内行，本身就是一种无形的震慑，无论做什么企业，他总会想办法使自己尽快从门外汉成为行家里手，他坚信，外行管不了内行，只有领导自己明白，才不会瞎指挥，才能够进行有效控制。

领导的学习力是一种无形的监督力量

负责酒坊的时候，没有相关的书可以看，他就观察三伯家师傅的做法，记下关键操作要点然后照着做，并思考这么做的道理，不久之后，他自己就成了烤酒行家，而且在出酒率上很快超越师傅。在糖厂的时候，他不像很多厂长经理习惯坐在办公室，而是大部分时间跑到现场观察、询问、讨论、试验，跑到邻近或外地同行那里学习，不到半年，他就弄明白了制糖过程中的所有环节、所有技术和所有设备。刚到烟厂的时候，也是一样，他几乎每天一早就到卷烟车间，这儿看看，那儿瞅瞅，很快对卷烟生产所涉及的原料、工序、设备、技术等了然于胸；为了引进先进设备，褚时健亲自到欧洲各大设备制造企业以及卷烟厂去参观、学习，别人去学习基本上是大部分时间去旅游，小部分时间去学习，褚时健正好相反，在欧洲期间，他几乎每天都在观察学习和交流，根本没有兴趣去逛街和购物。为了提高烟叶质量，他在美国弗吉尼亚州的烟田待了几乎一个月，大部分时间是和烟农以及烟草专家交流学习。种橙子的时候他去华宁县牛山柑橘厂学习、去大理宾川学习，请云南农业大学、云南农业科学院、华中农业大学的专家到橙园指导工作，枕边一直放着各类介绍柑橘种植、病虫害防治的书籍。

用褚橙庄园作业长郭海东的话讲，褚时健最令人佩服的是，他从来没学过柑橘种植技术，但是经过看书、不断在果园里仔细观察以及在现场向作业长和农户们不断提问，仅仅两三年后，他掌握的柑橘种植技术已经不亚于一些从事了十几年种植的专业户。

褚时健曾经说过，做任何一个企业，你不一定要成为每个环节的专家，但你必须做到内行，要深入了解生产好产品的关键环节所在，否则，你就是外行，外行是管不好内行的，既抓不住工作关键点，也无法进行有效的控制。

领导不但要知道，最好要亲自干过

要做到有效控制，对于授权的工作你不仅要知道了解，最好你要干过，干好过，而且随时可以去干，这样下属才不会忽悠你。

锅炉是烟厂生产的重要设备之一，卷烟和复烤都需要在锅炉里完成。长时间运转下，锅炉的折旧率很高。玉溪卷烟厂有两台锅炉，已经使用了10多年，也发生过几次大修停产的情况。以前烟厂的领导不懂锅炉技术，一旦出现问题就停工停产一个多月以上，这极其影响生产。褚时健听说以前修锅炉的时候，由主任亲自指挥，还用了将近两个月的时间。褚时健在曼蚌糖厂有过锅炉改造的经验。当时，他亲自动手将一台4吨锅炉改造成了10吨锅炉，大大提高了糖厂的生产效率。因此，对于锅炉的技术原理，他很熟悉。

褚时健到烟厂工作不久，技术难题就来了。两台锅炉中的一台出现故障，需要大修。当时正是烟叶复烤的季节，如果锅炉不够用，烟叶就面临霉变，那损失就大了，而且还极有可能连带造成工厂停产。褚时健立即找来了维修部门的负责人，询问维修工期。车间维修负责人给出的时间是40天。褚时健给出的时间要求是4天！维修负责人准备撂挑子。

褚时健已经预料到他会这么做，卷了卷袖子：“你不是说以前的主任是亲自指挥吗？这次我也来和你们一起修。”

褚时健开始按照自己的想法进行维修安排，他把工序增加到5道，然后从别的车间调人过来，18个人，让5道工序同时进行，24小时不停，不再像以前那样一道工序一道工序地进行。人员安排好之后，维修工作立即开始。材料组在其他车间准备锅炉使用的弯管，一边加热弯曲，一边打磨管口，还有人负责搬运。锅炉房只需要把管子撑开之后安装好。这样一来，各工序配合紧密，工作进度很快。锅炉要修好总共需要48根管子，第一天就装好了20多根。

连续奋战3天半，锅炉就修好了，出蒸汽了。

从40天到4天，到3天半，试想褚时健如果不是自己动手干过此事、精通此事，断不可能是这样的结果。领导本身就是行家里手，这样才不会被下属忽悠，才能够在授权的同时进行有效的控制。

放权时配以数字化的具体要求

褚时健进行控制的另外一个手段是在放权的同时对下属提出明确的要求并进行及时持续的培训。褚时健提给下属的要求都是明确的，很多是数字化的，比如褚橙庄园的基地工作计划，就会明确地提出：深挖地要到多少厘米、株距行距是多少、农药喷洒多少、剪枝是哪一个时间段、剪枝要剪到多少、平均一个果大概有多少树叶搭配才科学……有了明确的、数字化的要求和及时持续的培训，下属知道要做到什么程度，而且掌握了必要的知识技能，工作失控的可能性就会大大降低。

放权后要勤于监督检查

放权并不意味着放任，放权后干得好与坏，他要去检查，如果检查出问题，他会很不客气。每次到果园，褚时健都是先到地里去转几圈，然后把作业长和农户叫过来，针对自己看到的情况提问。如果作业长和农户那几天没怎么巡过果园，答不上来，顾左右而言他，褚时健会立即打断对方："不要说其他的，我问你什么，你答什么。"褚时健一直强调作业长要经常巡查果园，而且非常重要的一点是要让农户看到作业长出现在果园。褚时健也是如此，在果园最初的几年，他几乎每周都要去果园。在果园建设成熟后，他依然保持每月必须去果园两三次的习惯。

在烟厂的时候，当年的工人都还记得，褚时健经常在凌晨五点出现在车间，也不怎么说话，大家按照分工各干各的，他就是到处看看，到处摸摸，有时就站在一边看工人们干活，褚时健算准这个时候是夜班工人和白班工人交接班，他要看看工人的收尾和准备工作。

褚时健的检查手段也极为多样化。在玉溪卷烟厂的时候，员工有时候上个厕所碰到厂长，他随口就会问："老吴，这两天上等烟卖了多少？"然后根据员工的回答，他"随口"再算几笔账，说几句自己的建议，走了。员工回头一琢磨，咳！厂长其实什么都知道！在玉溪卷烟厂期间，大家很怕和褚时健坐同一辆车上，因为褚时健打发路上时间的方法就是盘问各种数字。多样化的检查盘问让下属不敢偷懒、不敢掉以轻心，也时刻提醒下属按照要求进行自我控制、自我检查和自我修正。

最好的控制方式是工作绩效与个人收入挂钩

不过，褚时健认为，上述监督方式都还是次要的方式，他认为最好的控制方式还是工作绩效必须和个人收入挂钩，“不然你牵只老虎去也没有用”。

在糖厂的时候，褚时健就开始尝试将个人工作绩效与收入挂钩的办法：把工人分成两人一组煮糖，使用“计件工资”的办法，每天由专人到榨糖点收糖计数，一箩筐红糖算多少工资，生产的红糖越多工资越高。这样一来，工人榨糖的积极性就提高了，还减少了过去干活时偷吃糖稀的现象。在烟厂同样采取类似的方式：推出单箱卷烟工资奖金包干制度，干多少提多少，干得多提成多，干得少提成少，当真金白银按照这个机制兑现到员工手中的时候，激起的踊跃效应超出想象，谁还愿意偷懒，人人争着上班。在褚橙庄园，类似的制度依然好用：褚橙庄园按照橙子收获后的产量和等级来计算农户的总收入，橙子的产量越高、品质越好则农户的收入越高，在收入高低的比较下，农户都愿意做到高产量、高品质，而实现高产量、高品质的唯一方法就是按照公司严格精细的生产制度来办。

把企业利益与员工个人利益挂钩是最有力的控制，每个人都会关心自己的利益，要实现自己的利益就必须关心企业的利益，就必须按照公司的制度办事，不按公司制度办事就会减少自己的收入，这种激励机制无形中会强化员工根据企业目标和要求进行自我控制的动力，员工自我控制的动力越强，企业进行外部控制的必要性就越小。

第十条

劳动积极性只有和自身利益挂钩才有持久性

员工是做出好产品的关键决定因素，必须做好员工激励，让员工积极、主动地去做好产品。怎么做？

褚时健认为，按照多劳多得的原则进行分配，坚决摒弃平均主义！谁在做好产品的过程中贡献大，就给谁更多的回报，这样员工才有动力持续地自觉地做好产品。褚时健在糖厂的时候，他尝试让个人收入与工作业绩挂钩，由于得到了大家的衷心认可和拥护，褚时健的多劳多得的差异化工资政策在曼蚌糖厂执行了好多年。等去了玉溪卷烟厂，有了一定的改革空间，褚时健提出了把工人工资奖金与每大箱卷烟挂钩的薪酬激励政策，即车间工人的工资奖金总额与其生产的卷烟的数量（大箱为单位）和质量挂钩，按比例提取，生产越多，质量越好提成就越多，否则就会越少。这种制度后来在他种橙的时候，又被沿用到对农户的激励上面，每年每家农户的工资奖金和自己管理橙树的挂果量以及等级标准挂钩，产量越高，高等级果越多，收入就越高，否则就会越低。在褚时健的橙园里，最牛的农户夫妻二人每年收入可以达到十几万元，收入是原来单干时期的十几倍，是周边其他橙园员工收入的三四倍，甚至更多。褚时健的分配政策给每一个员工带来了发家致富的机会，也激发了工作的热情，同时还带来了能力的持续提升。在褚时健身边工作过的人，都成为所在领域的顶尖人物。

员工是做出好产品的关键决定因素，必须做好员工激励，让员工积极、主动地去做好产品。怎么做？褚时健认为，首先要摒弃分配上的平均主义和大锅饭，这种不讲贡献的一刀切式的分配方法只会让人越来越懒，这是一种保护懒汉的分配方法！其次要摒弃分配上只讲贡献不讲回报的提法，现实中的人绝大部分很难达到这种无私的境界，无私带来的工作积极性不能持久；相反，人的工作积极性只有和自身利益挂钩，才有持久性。

所以，承认员工的个人利益，并将员工的个人利益与其对企业的贡献挂钩，是唯一正确的、可持续的激励方式。平常我们所讲的“按劳分配，多劳多得”，就是这种激励方式的通俗表达。而且个人对企业的贡献和企业对个人的回报关系越直接、越明显，效果就越好，褚时健一直坚持这种理念，并在自己所管理的企业中反复践行这种理念。

褚时健在糖厂的时候，开始尝试将个人收入与工作业绩挂钩，由于这种做法让大家都得到了实惠，包括当地财政，所以大家都衷心地认可和拥护，这种多劳多得的差异化工资政策在曼蚌糖厂默默地执行了好多年。等去了玉溪卷烟厂，有了一定的改革空间，褚时健提出了把工人工资奖金与每大箱卷烟挂钩的薪酬激励政策，即车间工人的工资奖金总额与其生产的卷烟的数量（大箱为单位）和质量挂钩，按比例提取，生产越多，质量越好提成就越多，否则就会越少。这种制度后来在他种橙的时候，又被用于激励农户，每年每家农户的工资奖金和自己管理橙树的挂果量以及等级标准挂钩，产量越高，高等级果越多，农户收入就越高，否则就越低。在褚时健的橙园里，最牛的农户夫妻两个每年收入可以达到十几万元，作业长能够达到几十万元。褚时健的分配政策给每一个员工带来了发家致富的机会，也激发了大部分员工的工作热情，同时还使他们的能力持续增长，在褚时健手下干过的人，只要坚持足够长的时间，无论是邱建康还是王学堂、郭海东，等等，都成为所在领域的顶尖人物。

通过简单计件调动工人积极性——曼蚌糖厂的分配实验

那时候，糖厂分散作业，22个榨糖点全都在红河边。每到榨糖季，厂里就会派工人下到榨糖点。那么怎么监督工人工作呢？褚时健经过测算，给工人定量，每天一个榨糖点要榨多少吨的甘蔗，然后按出糖率算，用了多少甘蔗，出了多少糖，看一眼报表就知道工人偷懒了没有，然后劳动工资就按这个量来算。这个想法有点大胆，那个时期没人这么做。但褚时健的想法很单纯：要想办法调动工人的积极性。他开始尝试把工人分成两人一组煮糖，使用“计件工资”的办法，每天由专人到榨糖点收糖计数，一箩筐红糖算多少工资，生产的红糖越多工资越高。这样一来，工人榨糖的积极性就提高了，还减少了过去干活时偷吃糖稀的现象。

褚时健印象很深的是一个叫“大老李”的工人，力气特别大，工厂的工资制度调整后，他的积极性非常高。扛糖入库这件事，别人一次两篮就很不错了，大老李是一次三个篮子扛进去。他跟褚时健说：“厂长，我吃得多，他们都不理解我。别人扛糖一次两篮，我一次三个篮子，大家吃的都一样时，我肯定饿得快。”

这种工资改革，在当时的社会情况下有一定风险。但是，这套制度居然在糖厂内部成为约定俗成的规则，大家遵守，但并不外传，更不揭发，于是这套制度就得以在糖厂一直实行了下来。关于曼蚌糖厂工资制度调整这件事，相关的资料并不多，但是，可以想象，褚时健从中切实感受到了员工利益与企业利益挂钩的力量。

按岗位重要性和贡献制定调薪方案——在玉溪卷烟厂的被动调薪经验

1979年开始，我国拉开了国企改革的大幕，一方面国家对国有企业的管控逐渐放松，另一方面逐渐开始提高国有企业职工的待遇。政策红利延伸到了玉溪卷烟厂，根据调薪文件的规定，玉溪卷烟厂的调薪名额为40%，也就是说将近一半的人要涨工资了。

消息一传开，烟厂一片沸腾。因为差不多有20年的时间，几乎所有的国营单位一直没涨过工资。不过，问题也随之出现，涨薪名额如何分配成为一件棘手的事情。

褚时健知道，调薪的最大问题不是涨工资，而是给谁涨工资。调好了可以调动全厂工人的工作积极性，调不好会出现各种矛盾。

在领导班子讨论调薪方案初稿的时候，大多数人倾向于按照惯例执行，就是将40%的名额平均分到烟厂的各个部门，每个部门为40%。这样的做法将所有的岗位一视同仁，却忽略了重要部门和岗位的分配比例。

调薪方案的讨论稿刚刚公布出来，就引起了一线职工的不满，很多人开始闹情绪，闹得最厉害的是制丝车间，车间主任经常被一群工人包围起来，场面很是激烈。工人在车间主任那里吵不出结果，就索性跑到褚时健办公室堵门，经常是五六十号人搬个凳子堵在褚时健办公室门口，饭也不吃，非要褚时健拿出一个合理的方案出来。

褚时健在经历了职工们一次次的堵门、吵闹、沟通后，拿出了最终的调薪方案。这次方案的创新点在于，上级下达的40%的调薪指标不变，但是名额不下放到各个车间，而是全厂在同一个平台上挑选，按生产成绩排列。如此一来，一些重要生产部门的职工排在了前列，而后勤、行政部门则让出了名额。这样，一线生产部门的员工都接受了。这次调薪风波让褚时健再次认识到，在分配上必须改变原来所有岗位一视同仁的惯例，按岗位重要性、按贡献分配才能得到多数人的真正支持。

按完成的工作量计算工资和奖金
——在玉溪卷烟厂的第一次分配改革

褚时健是个老党员，就他个人来讲，向企业提报酬、谈收入是一件难以启齿的事。但是，褚时健是一个实事求是的人，多年的基层工作经验告诉他：对于大部分人来说，没有所谓的“自动自觉、牺牲个人”的觉悟，搞生产不能靠这种觉悟，人的劳动积极性只有和自身利益挂钩，才有持久性。随着企业分配权力的下放，1981年11月，褚时健按照这种理念，在玉溪卷烟厂第二车间开始了他的第一次真正的分配改革。

他从当时农村的“包干到户”“包产到户”改革得到了启发，提出了“单箱卷烟工资奖金包干”的分配改革，这项名字很复杂的改革方案的内容其实很简单：工人按完成的工作量领取工资、奖金，细化到每一箱烟对应多少工资、奖金，且对应到生产车间，然后再分解到机台，最后分解到个人。工资、奖金上不封顶，下不保底。一句话，工资、奖金与产量挂钩。

为谨慎起见，褚时健决定先在第二车间试行，效果可谓立竿见影！1981年12月，玉溪卷烟厂第二车间当月产量就达到1140箱，比11月增加140箱。不仅数量增加，当质检科的人检查质量时，打出的分甚至比以前还要高。“这才是积极性！”褚时健开心地说。

第一个月试行的成功，让褚时健立即在全厂推广此项改革。当真金白银兑现到工人手里时，激起的踊跃效应超出人们的想象，各个车间之间的竞争自然形成，职工争相上工。早年“上班要人喊，出工不出活”很快转变为“早来晚走，争分夺秒”，全厂日产量由过去的不足千箱上升到1700箱，接近翻倍。质量合格率也连续几个月保持100%。

因为新分配制度极大调动了工人上班做工的热情，褚时健又拿出11小时两班倒的工作时间方案，他把工作分为8小时工作制和11小时工作制，让工人自由选择，但两种工作制的计薪办法一样，都是与产量挂钩。很有意思的是，几乎没有一个工人愿意上8小时的，全部在11小时这边报了名。经济利益带来的工作热情，挡都挡不住！

工资改革激发了持久的工作热情，推动了企业的快速发展，1982年全年，玉溪卷烟厂上缴利税达到1.824亿元，利润1103万元。这是玉溪卷烟厂从未有过的好成绩。

按科学的定员定额标准计算报酬
——在玉溪卷烟厂的第二次分配改革

1982年推行的“单箱卷烟工资奖金包干”的分配制度，对于打破“大锅饭”，产生了积极的作用。但是，这种类似传统计件工资的制度适合传统的单机操作阶段，后来随着大型先进设备的引进，单机设备逐渐被淘汰，这项分配制度没有办法再实行下去了。

不过，褚时健的根本原则没有变，那就是工资要和产量挂钩，和质量挂钩，两头都要兼顾。生产流水线上是没有办法计件的。显然，这个分配制度并不好定。褚时健和各个车间主任商量了很久，最后的办法是：定员定额。所谓定员定额，是指企业在生产经营过程中，通过对人力、物力、财力进行分析计算而制定出来的生产标准。也就是要以尽量少的劳动消耗和物资消耗生产出更多的产品。

核定标准是一件非常麻烦的事情。时任劳资科长、后来成为烟厂总经济师的张鹏辉是此事的总负责人，他在核定定员定额标准时，一次一次往车间跑，与现场工作人员一个岗位一个岗位地讨论、一个环节一个环节地计算，核定不出时核定定员的人就亲自下场实验，有时候一个环节、一个岗位要去四五次，花费两三天才能最后确定。几十年后褚时健还记得张鹏辉当年的辛苦：“没有他们这批人，合理的定员定额标准制定不出来。”

由于定员定额标准制定合理，责任到位，奖罚分明，职工的积极性得到空前提高，生产业绩也直线上升。厂里差点扔掉的老机器居然也在定员定额的前提下生产效率提高了50%。1987年的数据显示，玉溪卷烟厂在卷烟生产总量、优质品比例、工业总产值、人均利税、单项利润、卷烟工人实物劳动生产率、最低平均单箱耗叶、全员产值劳动生产率八项指标上，全部创下全国第一的好成绩。

按照产量和品质计算收入
——褚橙庄园对橙农和作业长的激励

褚时健的分配理念同样应用在了后来的金泰公司（褚橙庄园的注册名字），只不过根据农业的特点做了一些调整。在金泰公司，根据橙树不同的生长阶段，褚时健设计了两套工资制度，一套应用在橙树挂果前，一套应用在橙树挂果后。

在2007年以前，也就是橙树大量挂果之前，金泰公司处在持续投入、尚未形成规模收入的阶段，对农户的工资制度主要是每月固定工资加一些奖金，2003年前后，每个农户平均每月工资是300～400元，之后逐年按每月增加100元的幅度增长。公司还在橙园给农户提供两室一厅的住房，这些房子都是金泰公司出资修建的，水电沼气、厨房厕所一应俱全，每家还配3亩菜地，种菜养家禽都可以。

到了2007年，橙园的树开始结果，公司开始有了稳定的规模收入，褚时健对农户开始采取另一种薪酬制度：每户每月领2000元借发工资，到年底橙子收获后，按农户交出的橙子总量、橙子的等级两个指标，套入年初确定的计算公式，就可以算出每个农户的收入总量，把借发工资刨除后，剩下的发给农户。需要说明的是，橙树生长过程需要耗费的水、电、肥料、农药等，所有生产资料都是公司统一配给，不用农户出钱。

这是褚时健独创的一种薪酬制度，也是金泰公司到今天人员稳定的最大保证。借发工资保证了农户的基本收入和生活水平，2000元在当地工厂也不算低。而到年底按生产量和种出橙子的等级来算总收入，则是一种激励式的算法。在收入高低的比较下，农户都愿意提高橙子的产量和品质。

到2014年，金泰公司的一个农户，如果负责照顾2000多棵橙树，年收入最低能到五六万元，最高的将近10万元，到了2022年，农户的平均收入水平则是15万～20万元，比他们出去打工挣得还要多，“就算一家养两个大学生，他们也撑得住”，很多农户家里都买了摩托车和汽车。

作业长的收入当然要高很多。2013年褚橙基地丰收，从2012年的8000吨一下上升到了12000多吨。褚时健除给几个作业长增加了年终奖金外，每人还奖励了一套在玉溪的150平方米的住房。作业长的年收入，好的超过了20万元，低的也有10多万元。2022年的收入，比2013年翻一番还要多。褚橙庄园的基地主管收入则更高，优秀基地主管的收入有的超过百万元，远超很多城市白领的收入。

第十一条

搞好员工生活比任何思想工作都管用

员工把企业的生产搞好了，经营搞上去了，企业就应该把员工的生活搞好，员工的生活搞好了，比任何思想工作都管用。

在曼蚌糖厂的时候，国家统一供应标准是每人每月两斤肉，为了让员工吃得更好一些，褚时健就发动员工在戛洒江边的滩地上种菜，用糖厂的下脚料拌些米糠养猪，过去糖厂的员工甚至一个月都吃不上一次肉，也很少吃到新鲜蔬菜，褚时健却做到了让糖厂员工每星期都有肉吃，每天都有足够的蔬菜吃。戛洒糖厂员工的好生活在当时的玉溪远近闻名，甚至让整个玉溪市的人都有点眼红。在烟厂的时候，员工的居住环境较差，每家都是20多平方米的小房子，有的甚至两家人住在一间房子里，中间用一个布挡隔着，生活极不方便，这种情况几十年都没人管。褚时健去了烟厂以后就开始想办法给员工盖房子，持续十几年，直到他最后离开，整整盖了5 000多套宽敞的房子，褚时健当年建造的员工住宅到现在都是玉溪市质量环境上乘的房子，员工的居住条件得到了极大改善。在褚橙庄园，褚时健为最基层的农户每家免费配备了带院子的两室一厅的砖混房子，一到两亩的菜地，使橙农的生活一步就达到了小康水平。褚橙庄园的食堂虽然很简单，菜也不多，但每一个菜都做得有滋有味，不亚于很多星级酒店。生活好才能安心工作，才能把工作做好，这是褚时健一直坚持的信念。关注员工生活，给企业带来了向心力和忠诚度，带来了稳定性，凡是褚时健管理过的企业，其员工都是发自内心把企业当作自己的家一样热爱，正如稻盛和夫所讲，好的企业是员工经济收入的来源、心灵的归宿、精神的寄托，这几点，褚时健几乎都做到了。

褚时健不是一个只会管生产的厂长，用他的老伴马静芬的话讲，他还是一个搞生活的高手，无论在哪里，无论在什么年代，他都能够把大家的生活搞得比周围人更好一些。褚时健一直有个观点：员工把企业的生产搞好了，经营搞上去了，企业就应该把员工的生活搞好，员工的生活搞好了，比任何思想工作都管用。

吃好了比思想工作好用——曼蚌糖厂职工的吃肉自由

在曼蚌糖厂的时候，由于大家的一起努力，糖厂的业绩越来越好，利润一年比一年高，但是，职工的工资还是和过去一样低。褚时健觉得，“国家的利益应该和个人的利益有关联，事情才可能做得好，工厂好了要和大家的生活连在一起”。

褚时健的想法放在现在很容易被理解，也很容易得到上级的支持。但放在当时的环境里，做起来并不容易。工资是固定的，又不准发奖金，怎么办？那就在职工福利上动脑筋，想办法让大家得点实惠。

1966年毛主席发表“五七指示”，要求全国各行各业都要办成一个大学校，学政治、学军事、学文化，既能生产国家计划的物资产品，又能办一些中小工厂，生产自己需要的若干产品，自己动手丰衣足食，搞好员工生活。这个指示让褚时健可以放开手脚，他马上就组织成立了副业组，开始自己动手改善员工生活。

褚时健先是带领副业组在戛洒江边的河滩上开挖菜地，那些被洪水冲过的河滩上散落着大小石头，但石头下面全是好土。他们把石头翻过来，把下面的土刨出来，在下面垫上石头滤水，上面铺五六十厘米的厚土，弄出了十几亩菜地。然后又把工厂猪圈里的粪肥施到菜地里，种出了水灵灵的大白菜、西红柿、辣椒、芹菜等。菜种好了，糖厂的食堂很快就有了起色，每天几个菜，工人随便吃。吃不了的菜，厂里就以很便宜的价格卖给职工，外面市场上3角钱一斤都买不到的菜，厂里只卖3分钱一斤。那个年代，一般家庭的主要开销就是一日三餐，这样一来，糖厂职工的生活水平实际上很快就提高了一大截。

褚时健不只是发动职工种菜，还派专人养了300多头猪。褚时健发现糖厂的下脚料可以拿来喂猪。糖厂煮糖时，只要温度一高，糖里面的杂质就会漂到上面，这黑乎乎的一层是必须捞出来的，否则做出来的红糖里面就会有很多渣子，影响口感。过去工人们都是把这层黑黑的杂质捞出来丢掉，褚时健看了觉得可惜，因为这些下脚料里还含有很多糖分和营养，虽然口感粗糙不能给人吃，但用来当猪饲料是完全可以的。他便叫工人把这些煮糖的下脚料留着，没多久就堆了两三百吨。他知道县里有些单位有糠，就用糖厂自酿的甘蔗酒跟人家换细米糠，把换来的米糠与煮糖的下脚料搅拌，便成为一种很好的猪饲料，猪非常爱吃。后来糖厂菜地里种的莲花白、苞谷多得吃不完，也作为上好的猪饲料用来喂猪。从第一头猪出栏开始，糖厂职工从此就可以敞开吃肉了。

褚时健在曼蚌糖厂改善员工生活的经历，让他感受到一点，员工生活福利提高了，大家的生产积极性会更高，责任心会更强，平常所讲的主人翁精神也有了，这种实实在在给职工带来的好处比做几个月的思想工作管用得多。

安居才能乐业——玉溪卷烟厂职工的住房自由

褚时健刚到烟厂的时候，依然沿用这种思路，只不过是从烟厂职工的住宿问题开始的。20世纪80年代初，玉溪卷烟厂职工的居住环境比较差，条件好的家庭也就是20多平方米的小房子，一家几口挤在一起，条件差的家庭，有的甚至两家人挤在一间房子里，中间用一块布隔着，生活极不方便。

这种情况持续了几十年。褚时健去了烟厂以后，就开始想办法给员工盖房子。上班没几天，他就把财务科的人叫来问，厂里用于基建的钱还有多少。财务人员告诉他还有170多万元，褚时健算了算，170多万元，按当时的基建费用，工厂盖职工宿舍楼，地是工厂现成的，不花钱，建房成本按一家两室一厅算，顶多也就2.5万元，怎么就没人往这方面想呢？褚时健当即向职工承诺：半年内建三栋职工宿舍楼，改善职工住宿条件。仅仅4个月，三栋宿舍楼建设完成。

厂里可以决定是否给职工盖房，但不能决定盖多大。计委结合行政单位的情况，给厂里定了80多平方米的标准。但是，对于两代六七口人来说，这样的房子仍然太小了。不过，计委的规矩不能逾越。于是，褚时健只能继续为大家盖房子，十几年的时间里，几乎没有中断过。当褚时健最后离开烟厂时，在他任上为职工盖了5000多套房子。而且在他离开之时，集团账面上还有28亿元是专门用于改善职工住宿条件的资金。

解决职工住房问题的同时，褚时健也在着手改善职工的伙食。当时，云南市场上的肉类供不应求。褚时健了解到，大营街是玉溪一带向市场提供猪肉最多的地方，便主动和大营街的村领导商量，每天向他们购买一批猪肉，请村民直接送到厂里。褚时健将这批购买的猪肉平均分配，每个人每月都能吃到16斤猪肉。

四川烟草公司的人到玉溪卷烟厂出差，在食堂吃饭，觉得烟厂的伙食有点单一，于是给褚时健建议："四川猪肉多，我们可以给玉溪卷烟厂提供火腿。"褚时健问："怎么提供？"四川烟草公司的人说："串换嘛，你们有烟，我们有肉。"褚时健一拍大腿："这个事合适嘛！"烟厂于是把红塔山和红梅运到四川烟草公司，从对方那里换来质量上好的火腿，烟厂在食堂以低价卖给职工。烟厂职工的生活眼看着就好起来了。

除了改善职工的伙食，褚时健还通过串换的方式，用香烟为职工换来了折扣价的家用电器，如电视机、收音机、电风扇、电熨斗等，使他们的生活现代化、时髦起来。短短一两年，玉溪卷烟厂就成为玉溪地区职工生活最好的企业。

生活好才能安心工作
——褚橙庄园员工大山里的多彩生活

在褚橙庄园，褚时健为最基层的农户每家免费配备了带院子的两室一厅房子，水电沼气、厨房厕所一应俱全，小院里可以种一棵大树或者种上葡萄藤乘凉，每家还配了几亩的菜地，种菜养家禽都可以。每家还配有一个可以容纳一辆汽车和一辆摩托车的车库，橙农的生活，几乎达到了小康水平。

褚橙庄园对于其他员工，一律提供免费的食宿，普通员工住的是两人一间的宿舍，作业长和中层干部住的是公司的宾馆。食堂虽然小、每天的菜也不多，但每一道菜都做得有滋有味，不亚于大部分星级酒店。吃好住好还不算，基地还配有卡拉OK室、图书室、咖啡厅、麻将室、烧烤露台、羽毛球场、篮球场，可谓应有尽有，褚橙庄园虽处在群山之中，位置偏远，但庄园的生活和城里的生活一样丰富多彩。

生活好才能安心工作，才能把工作做好，这是褚时健一直坚持的信念。关注员工生活，提高员工对企业的向心力和忠诚度，给企业带来了稳定性，这比做思想工作有效。凡是褚时健管理过的企业，其员工都是发自内心把企业当作自己的家一样热爱，正如稻盛和夫所讲，好的企业是员工经济收入的来源、心灵的归宿、精神的寄托，这几点，褚时健几乎都做到了。

第十二条

要主动承担社会责任，同时积极争取政府支持

在中国的制度环境下，企业与政府、社会的良性互动是一个企业持续健康发展的必要条件。

在褚时健的观念里，企业要做好，离开政府的支持是不可能的，同样，企业发展的过程中，积极承担社会责任也是义不容辞的。一方面，作为纳税主体，企业要尽可能为政府多贡献税收；另一方面，企业要尽可能主动和政府沟通，积极争取政府的政策支持和资源支持，互相支持才是一种良性的政企关系。

褚时健在烟厂的时候，玉溪卷烟厂（后来改名为红塔集团玉溪卷烟厂）17 年累计向政府缴纳利税 991 亿元。同时，烟厂每年拿出数亿元的资金补贴，支持通海、江川、泸西、石屏、师宗等地的政府，帮助农民改善农田水利、交通设施状况，带领几十万农民发家致富。在烟厂期间，褚时健还帮扶过濒临倒闭的涪陵卷烟厂、延安卷烟厂和红河卷烟厂等，这些企业都从原来的政府负担变成现在的利税大户。褚时健一方面带领企业主动承担社会责任，一方面也在向政府积极争取企业发展所需的政策和资源。作为一个企业的领导，褚时健非常擅长代表企业与政府官员打交道，他很主动。为了争取云南省政府对于烟草、烟厂、专卖局三合一改革的支持，褚时健把工作做到了当时的省委书记和主管工业的副省长那里；为了争取国家财政部允许玉溪卷烟厂把每年数亿的支持烟农补贴税前列支的政策，褚时健把工作做到了当时的财政部部长那里；为了争取烟厂进口先进设备所需的外汇额度，褚时健把工作做到了当时国务院常务副总理那里。

褚时健认为，企业要做好，离开政府的支持是不可能的，同样，企业发展的过程中，积极承担社会责任也是义不容辞的。特别是在中国的制度环境下，企业与政府、社会的良性互动是一个企业持续健康发展的必要条件。

一方面，作为纳税主体，企业要尽可能为政府多贡献税收；另一方面，企业要尽可能主动和政府沟通，积极争取政府的政策支持和资源支持，互相支持才是一种良性的政企关系。

带动大营街发展

玉溪市大营街在20世纪70年代末80年代初是出了名的贫穷，因为人多地少，人均不足三分地，玉溪当地人都知道大营街有五难：吃粮难、喝水难、住房难、行路难、娶媳妇难。当时的大队支书就带着村民们外出打工，情况好了许多。特别是帮玉溪卷烟厂做了几年基建后，大营街的经济状况得到了很大改善。

大营街真正富起来是在1986年后。在此之前一直用串换的方式得到优质制烟辅料的褚时健，想在玉溪本地扶持一些厂家生产辅料，一来烟厂可以更便利地得到辅料，近距离控制质量，二来也能扶持一些本地企业。玉溪卷烟厂需要的辅料量很大，对于任何辅料生产厂家来说，这都是一个不折不扣的好生意。因为对大队支书的信任，褚时健当时在大营街扶持了滤嘴棒厂、水松纸厂和铝箔纸厂。

玉溪卷烟厂在飞速发展的同时，其固定业务也带动大营街的经济向前发展。在20世纪90年代初期，大营街又发展起了家具厂、铜材厂等大型乡镇企业。到1995年，大营街乡镇企业总产值超过了10亿元，成为云南省村一级行政区划中第一个产值过亿的村。

大营街的孩子进入幼儿园吃住都免费，每年春夏秋冬免费发放四套衣服。学生进入中学、中专、大学都会给予奖励。住房方面，大营街的民房实行统一规划、统一标准、统一施工、统一分配、统一管理的政策，人均居住面积达到50平方米。而且在大营街，职工54岁就可以退休领取退休金，最高可达11000多元，每月还可以领取150～500元的养老金。

大营街的大队支书一直说，大营街发展得这么好，只有两个原因，一是国家政策好，另一个就是因为有褚时健。在他看来，褚时健出手扶持，让大营街改天换地，改变了几代人的命运。

帮扶涪陵卷烟厂，支持三峡建设

四川东部的涪陵卷烟厂，是当地一家很重要的国企，但效益一直较差。到了20世纪90年代初，国家准备建设三峡水库，库区经济的发展需要全国各地的支持，三峡周边的企业因此受到更多的关注。涪陵卷烟厂就在三峡附近，政府一直在考虑如何振兴涪陵卷烟厂，带动当地经济的发展。

当时的四川省涪陵地委副书记就此事拜访了褚时健。褚时健在办公室和他聊了不到一个小时，最后痛快说道："领导你客气了，这种情况我们不帮就不对了，我心里也会不安。你放心，这件事我们一定办好。"紧接着，玉溪卷烟厂从厂里的创汇储备里拨出了3000万美元资助涪陵卷烟厂，并且表明只需要按国家汇率还钱即可。当时外汇兑换还是双轨制，中间差额颇大。此外，褚时健还派人将一部分设备和烟叶送往涪陵卷烟厂，"帮就帮实在点，有了机器和原料，我看几个月生产就上去了"。第一步是将东西送过去，褚时健第二步还承诺与涪陵卷烟厂进行长期的技术合作，经常派厂里的技术人员去涪陵卷烟厂做指导，帮助涪陵卷烟厂培养了许多技术人员，提高其生产效率。在玉溪卷烟厂的帮助下，涪陵卷烟厂的技术和管理都提升到一流水平，实现了惊人的跨越式发展。

到1993年，涪陵卷烟厂的年产量近8万箱，年收入2亿多元，年利税突破了1亿元，成为四川省烟草业的明星企业。

帮扶延安卷烟厂，支持老区发展

1970年，延安卷烟厂在延安市北郊成立。由于设备落后、管理不科学，发展10多年，亏损的年份占多数。到20世纪80年代中后期，接连两三年交不出利税，职工每月工资只有三四百元。在烟草行业中，这个水平的工资已经算很低了。

如何拯救延安卷烟厂呢？陕西省委书记想到了褚时健，在他看来，褚时健既然能把快要倒闭的玉溪卷烟厂救活，肯定也有办法把延安卷烟厂救活。于是，20世纪90年代初，陕西省委书记诚心邀请褚时健做客西安，向他请教有关延安卷烟厂的事情。

褚时健找来工厂的领导，仔细询问了情况，几天下来，心里已经大致清楚。回到玉溪，褚时健第一时间就和厂里的领导班子定下帮助延安卷烟厂的具体方案：三台设备低价转让给延安卷烟厂（褚时健本来想送，但这些设备并不属于淘汰物品，涉及国有资产，不能妄自送出）；赠送一些烟叶作为延安卷烟厂的原料；派几位技术员长驻延安卷烟厂进行技术帮扶。

1994年6月，玉溪卷烟厂和延安卷烟厂达成合作协议，玉溪卷烟厂开始无条件向对方传授技术和管理的技巧。在玉溪卷烟厂的帮助和延安卷烟厂全体职工的努力下，1995年，延安卷烟厂的效益就有了明显提高：年产量为15.6356万箱，向国家缴纳了9055万元的利税，而且还实现了100多万元的盈利，职工的工资涨到了1000多元。厂里生产的“延安”牌香烟也受到了市场的欢迎。为此，延安卷烟厂的领导和职工非常感激褚时健，他们把一卡车一卡车的苹果和面粉拉到玉溪卷烟厂作为谢礼，年年如此。

褚时健也知道，企业不是慈善机构，企业必须保持持续发展，只有在持续的发展中才能够履行更多的社会责任，所以褚时健一方面带领企业主动承担社会责任，一方面也在向政府积极争取企业发展需要的政策和资源。作为一个企业的领导，褚时健非常擅长代表企业与政府官员打交道，他很主动。

通过做上级领导思想工作为引进 MK9-5 型卷接机找贷款

1981年，褚时健和玉溪卷烟厂的技术人员一起走访了上海卷烟厂和昆明卷烟厂等行业内的优秀企业，走访过程中发现玉溪卷烟厂的设备太落后，于是决定从银行贷款261万元引进英国的MK9-5型卷接机。要得到贷款，首先要过云南省轻工业厅这一关。但这并不容易。当云南省轻工业厅的相关领导一次次接待了褚时健，并且在他表达出“上级部门应该响应中央政策，支持国企工厂的发展，而且应该放开思想，让企业在竞争中发展，才能让云南烟草业有发展得更好的可能性”这样的想法后，轻工业厅的领导终于点头：“老褚，你回去。我们支持你，希望玉溪卷烟厂发展壮大。看你们的了。”褚时健依靠耐心做上级主管部门的思想工作，顺利贷到了261万元的设备引进资金，开启了玉溪卷烟厂的技术升级之路。

通过签“军令状”为成套引进设备找外汇

成功引进MK9-5型卷接机，更加坚定了褚时健大规模进行技术升级的信心。1983年，玉溪卷烟厂成立了技术改造办公室，褚时健亲自担任主任，决定成套引进国外的先进烟草设备。引进成套设备需要大量外汇，1984年还是一个外汇比较紧张的年份，类似玉溪卷烟厂这样的企业，国家最多能给几百万美元的外汇，但褚时健需要的是2300万美元，简直是天文数字。

当时云南省省委的领导都大吃一惊。省计委的领导更是有点担心风险太大，迟迟不敢批准他的申请。褚时健决心已定，他和省计委领导算过每一笔账，无论对国家还是企业，这次引进都是一笔划算的生意。为申请外汇，褚时健经常去昆明，整天泡在云南省计委，希望能说服领导同意他的申请。褚时健左陈述右争取，领导就是不敢批给他，申请就这样被拖了下来。

不甘心的褚时健开始从其他渠道想办法。当时云南省副省长一直很支持云南省国有企业的发展和改革，也有在云南大型国有企业担任一把手的工作经历，因此更加理解国有企业领导。但当时云南省副省长也对褚时健的做法持保留意见，他也觉得褚时健的发展计划有点太冒进了，但是褚时健认为和他的沟通应该会成为一个突破点。因此，他开始多次寻找机会与副省长见面。

一次，褚时健得知云南省副省长要去参加一个会议，于是决定在副省长参会途中“拦车堵截”。褚时健选择副省长的必经之路，提前蹲点守候，当副省长的汽车路过时，他直接拦住汽车，褚时健从设备引进之后带来的巨大经济效益和对云南省利税的贡献角度诚恳说出了自己的理由。最后，副省长同意支持他的申请。

后来，云南省副省长召集计委的相关人员开了一次会，专门讨论褚时健的外汇贷款申请事宜。计委的领导坚持自己的意见，这么大额度的贷款如果处理不好，不仅是计委，甚至云南省的主要领导都要承担责任。

在双方僵持之下，副省长从中间协调，最终达成了一致：如果褚时健能够立下“军令状”，那么计委就同意他的申请。褚时健欣然应允，挥笔在一张纸上写下“军令状”：“保证三年还清外汇贷款，利税每年增加1亿元。”

跑了四个月，褚时健终于如愿。

为了争取烟农补贴税前列支找到财政部部长

1985年，褚时健提出“第一车间”的理念，要把烟田作为玉溪卷烟厂的第一车间，也正是从这一年开始，玉溪卷烟厂开始大规模补贴烟农。褚时健向来认为把员工的生活搞好，是提高生产力的保证。烟农是“第一车间”的成员、烟厂的“编外职工”，理应提高他们的各种待遇。但是，对烟农的补贴和扶持，对玉溪卷烟厂来说是一件极其难办的事情。这笔不小的支出到底算成本还是算利润？当时的国家财税体制不认同这种扶持补贴是成本，但如果作为利润支出，这是国有资产，褚时健就会犯大错。所以，如果不厘清这个问题，褚时健个人和玉溪卷烟厂都极有可能在国家税制上摔一个大跟头。

这个问题地方政府和国家烟草局都解决不了，于是褚时健就直接找到了时任财政部部长。他在北京找了部长三次，都因为这样的或那样的原因没有开口。倒是部长觉察到了，他说：“褚厂长，你找了我三次，是有什么事吧？”褚时健便把玉溪卷烟厂对于烟草优质优价、补贴扶持烟农的事情说了出来，同时也给部长说了自己的苦恼。国家的政策红线不能碰，但是从企业的角度讲，没有优质原料，就没有好产品，没有好产品就没有高利润，也就不能上缴更多的税。他给部长算了一笔账：1元的烟农补助，将会带来5元的利税回报。所以，如果财政部灵活处理玉溪卷烟厂对于烟叶基地的补助投入，将其计入税前的成本部分，那么烟厂交给国家的税收增长每年都不会少于10亿元人民币。

部长没有当即回复褚时健，但很快就给了褚时健一份书面文件，同意玉溪卷烟厂将扶持补贴烟农的费用计入税前成本。

第十三条

做好当下，就有未来

未来有很多不确定因素，在不确定的基础上进行太多的规划没有多大必要，做好当下的工作，抓住当下的机会，才可能有未来。

很多人认为，褚时健在经营烟厂的时候就有一个成为亚洲烟王的愿景，在种橙子的时候就有一个成为世界橙王的规划，其实这是一种误读，真正的褚时健并不是这样，他只是专注于解决好当下的每一个问题，把每一个当下的问题都作为考试，一关一关地闯过去，他并不知道到底有多少关，有多少艰难险阻，但是当他用了几年，甚至十几年时间解决了一个个现实问题，越过了一个个关隘，猛一抬头，发现已经到了大部分人难以企及的高度，这种高度甚至是原来想都没有想过的。

对于未来，褚时健并不是热衷于规划的战略大师，相反，他觉得未来有很多不确定因素，在不确定的基础上进行太多的规划没有多大必要，做好当下的工作，抓住当下的机会，才可能有未来。

褚时健的这种观念是在战争年代形成的，在解放战争时期，褚时健参加了中国共产党的地下组织，并加入了共产党在云南组织的反对国民党反动派的游击队，在路南、西山、陆良、师宗、泸西、罗平等地打游击，天天出生入死，经常是打一枪换一个地方，过着明天不知道会在哪里，每天都面临着巨大风险的日子。在这种环境中，做长期的规划毫无意义，抓住当时出现的任何机遇，活下去，才是最重要的。褚时健几个堂兄弟、亲弟弟相继在战争中死去，更加强化了他的这种观点，想尽办法过好现在，专注于解决当下的问题。

把每一天安排好，就是对人生负责

1949年，褚时健和他的两个堂兄弟加入了共产党领导的“云南人民讨蒋自救军”，参加的人还有一直在云南打游击的老游击队员，有进步学生，有从国民党队伍里面起义过来的士兵，有生活过不下去的农民，还有收编过来的土匪。1949年，“云南人民讨蒋自救军”改名为“中国人民解放军滇桂黔边纵队”，成为正式部队。即便是成为正式部队，条件还是很艰苦的，吃住都成问题。住的方面居无定所，打到哪里住到哪里，睡野外的时候也不少。吃的方面好一点，但供给不是很稳定，一两个月吃不上一顿肉很正常，饭基本上就是苦荞。当时和褚时健一起从昆明来参加自救军的进步学生有100多人，到成为正式部队的时候就只剩下50多人了。

有一天，褚时健和连部的通讯员在泸西一个地方聊天，突然一颗炮弹就飞了过来，刚好插在两人中间。通讯员是一个有经验的老兵，当即一脚把炮弹踢了出去，就是几秒钟的事，炮弹一下就爆炸了，两个人的身上被碎石、碎草和泥土覆盖。当时褚时健脑子一片空白，第一次感受到“死”距离他很近，真的是生死一线间。所以从那时起，褚时健就知道，把每一天安排好，就是对人生负责。

生死无常，要干什么事就赶紧干，不要犹豫

刚刚参加游击队的时候，褚时健的两个堂兄弟褚时杰、褚时仁也都在游击队里，当时大家都是年轻小伙子，只想过如何活，从未想过有一天会死。

1949年10月，褚时健所在的部队在陆良马街和国民党的征税队有过一次交锋，结果大胜，俘虏了好几十个人。整个营队都很高兴，老百姓也高兴，送了好多猪肉过来。大家难得吃到肉，心里都很期待。但大家不知道在那个时候，自己已经被国民党一个团的人包围了。战士们刚刚领到猪

肉，国民党部队的重机枪从两个侧面就开始射击，大家仓促撤退，猪肉丢得满地都是，褚时健和通讯员心疼那些丢掉的猪肉，还一边退一边用枪挑了不少肉跑出来。

晚上到了安营的地方，大家正准备架锅生火做饭的时候，在同一个营的堂弟褚时杰慌张地找到褚时健，说："二哥没出来。"褚时健当时心一下就沉了下去，心想"坏事了"，堂哥褚时仁那段时间因为得疟疾，又加上那几天连续打仗，他的身体肯定已经吃不消了，根本跟不上大部队。后来才知道，他二哥就是在往村子外撤退的路上，被国民党机枪手扫射击中后背，子弹从心脏穿了过去，当场就没命了。褚时健想起来小时候和二哥一起玩，一起做很多事，根本没想过二哥有一天就突然牺牲了。

二哥的牺牲让褚时健对人生的看法有了很大改变，人生无常，谁也料不到下一秒会发生什么，生死无常，想干什么事就赶紧干，不要犹豫。

务实地解决一个个现实问题胜过任何纸上的规划

很多人认为，褚时健在经营烟厂的时候就有一个成为亚洲烟王的愿景，在种橙子的时候就有一个成为世界橙王的规划，其实这是一种误读，褚时健想做好烟、种好橙是真实的，想超越万宝路、555、新奇士也是真实的，但对于如何超越万宝路、新奇士，他并没有在规划上下功夫，也不可能做出详细规划，但他有一个基本方向，这个基本方向就是要做好产品，在他的心中，玉溪卷烟厂与菲利普·莫里斯国际公司的差距关键就在于产品，只要能够做出好产品，做出比万宝路更好的产品，他就可以超越菲利普·莫里斯公司。有了这个基本方向，剩下的事情就是解决做好产品过程中存在的一个个问题，有什么问题解决什么问题，什么问题阻碍了他打造好产品的道路，他就要想办法解决这个问题。他把每一个当下的问题都作为考试，一关一关地闯过去，他并不知道到底有多少关，反正，问题来了想办法解决就是了，当他用了十几年的时间，解决了做好产品过程中遇到的一个个问题，越过了一个个关隘，猛一回头，却发现已经达到了大部分人难以企及的高度，这种高度甚至自己原来想都没有想过。

关注、解决与企业关键目标相关的问题

企业中的问题有千千万，并不是每一个问题都重要，褚时健寻找问题的方式就是从效益抓起，从影响效益的两个关键点——质量与成本抓起，如何改进产品质量？如何给消费者提供更好的产品？如何在打造好产品的同时尽可能节省成本，减少浪费？这中间存在什么样的问题，然后一个个捋出来，一个个想办法解决。

以在烟厂为例，褚时健到玉溪烟厂以后就一门心思想办法提高卷烟的质量。如何提升呢？在设备、烟叶暂时无法改变的情况下，首先是让员工

做好生产管理的每一个环节，把生产环境整理整顿好，不要用发霉的烟叶，要把发霉的烟叶剔除；不要让非烟叶的杂质如头发等进入卷烟环节；卷烟打包的时候要码放整齐，保证每盒的支数和每箱的条数，不要出差错……这些都是短期改进质量需要解决的问题。

等这些容易解决的问题解决完了，下一步要考虑的就是改进设备、更换设备的问题了，厂里的“新中国”牌卷接机已经远远落后于时代，落后于国外先进的卷烟设备，要想在卷制环节提高质量，必须引进新设备，“工欲善其事，必先利其器”，这是最简单的道理。关键是钱从哪里来？外汇从哪里来？批文从哪里来？于是褚时健就开始想办法找钱、找外汇、找上级领导批文，经过软磨硬泡，打包票、立军令状等各种办法，褚时健终于争取到了进口设备所需的资金、外汇和批文。

等先进的MK9-5型卷接机来到玉溪卷烟厂的时候，新的问题又来了，如何快速消化新技术，如何形成生产力。厂里懂英文的人不多，懂英文又懂技术的更少，没关系，厂里这么多人，总有人能够钻研透这套新设备。在这个时候，喜欢钻研的邱建康引起了褚时健的注意，褚时健如获至宝，他通过鼓励、提拔以邱建康为代表的技术能手快速解决、消化了技术问题。

紧接着，下一个问题又冒了出来，辅料的问题。由于新设备对原料要求高，玉溪卷烟厂现有的原料、辅料不能满足新设备的要求，怎么办？是降低要求或者是提升原料和辅料的质量？褚时健选择了后者，于是提升原料和辅料质量的问题又被提上日程。原料问题是个长期问题，一时半会儿解决不了，先往后放一放，辅料问题容易解决，就先解决辅料问题。在当时的烟草运行体制下，地方小厂的进口辅料问题无法通过国家烟草系统的正式渠道来解决，此路不通，褚时健就去找广东商人，通过串换的方式，实际上也是一种市场化的方式，用玉溪卷烟厂的烟和广东商人换取卷烟所需的进口辅料，虽然这种方式在当时有点冒险，褚时健也确实因此受过处分，但只要能够解决提升质量的问题，褚时健也认了。

先进设备进来了，优质辅料解决了，玉溪卷烟厂的产品质量也得到了一定幅度的提升。但是最大的问题还是烟叶，没有一流的烟叶，再好的机器和辅料也卷不出上等烟来，也无法和万宝路等对手竞争，于是褚时健最后把烟叶质量的提升作为他要解决的最大问题。褚时健找到了云南省烟草公司、烟草研究院，找到了左天觉与琼斯，找到了美国弗吉尼亚州，找到了种出世界级烟叶的弗吉尼亚州烟农，并且找到了他们种植优质烟叶的秘籍。

知道了如何种出好烟叶，紧接着的问题是找谁种，如何在云南按照美国的种植方法种出好烟叶，于是褚时健找到了玉溪市通海县赵栀乡的乡长以及通海县的县长，通过资金支持和收入保障等手段，成功要求烟农按照新的方法种植烟叶，通过新方法种植烟叶的试验大获成功。

试验成功后，遇到的另外一个问题是如何大规模种植，如何将大规模种植的烟叶用作玉溪卷烟厂的原料？这个问题不单单是技术问题，也不单单是资金问题，还牵涉当时的烟草管理体制问题。褚时健要想解决这个问题，不但要动员大量的农业科技人员帮助推广新的烟叶种植方法，还要投入大量资金用于补贴农民进行农田水利建设、交通建设，最难的问题是如何打破当时的烟草体制，实现烟草、烟厂、专卖局的三合一，使企业的供产销三项经营职能健全起来。于是褚时健找到主管农业的副省长，找到省委书记，找到国家烟草局的领导，最终使三合一的方案得以在玉溪开展试点运行。

当大规模种植的技术、资金、体制障碍均得到解决的时候，另外一个问题又来了，那就是烟厂每年补贴农民的大量资金作为成本投入税前或税后列支的问题，这牵涉合不合法的问题。为了解决这一问题褚时健甚至把工作做到了当时的财政部部长那里，最后一纸批文解决了玉溪卷烟厂对烟民补贴款的税前列支问题。

当褚时健解决了一个个具体的问题，把“第一车间”建立起来的时候，大量的优质烟叶从田间持续生产出来，大量的优质卷烟从工厂生产出来，红塔山、阿诗玛、红梅等成为中国最受欢迎的香烟品牌，玉溪卷烟厂的效益也超越上海卷烟厂、昆明卷烟厂等众多龙头企业，成为中国最盈利的烟厂。

第十四条

只要不放弃，一切总会好起来

褚时健并没有气馁过，没有灰心过，没有埋怨过，他总是积极地、务实地面对生活和工作，似乎没有什么困难能够阻止他让这个世界变得更美好。

褚时健在做任何一件事情的时候，并没有给自己规划一个明确的成功时间表，实际上也规划不出来，他也不清楚中间要经历多少磨难，要克服多少困难，但褚时健是一个有耐性的人，他用耐性在三个企业里克服重重困难，最终都迎来了水到渠成的成功。褚时健在世的时候，很多企业家和年轻人去庄园拜访他，请教他，为什么他能够做什么成什么，而自己毕业多年，却一事无成，褚时健总是这样告诫企业家和年轻人，做事情，不能太急功近利，要耐得住性子，功夫到了自然会有好的结果。

从1963年5月到1979年10月，褚时健在曼蚌糖厂工作了16年多，把一个连年亏损的企业做成了新平县、玉溪市乃至云南省效益最好的企业之一；从1979年10月进玉溪卷烟厂，到1996年在红河州边境口岸被扣，褚时健在玉溪卷烟厂工作了17年，把一个原来盈利不足1亿元的地区小烟厂做成了亚洲第一，做成了中国500家最大的工业企业之一；从2002年上山种橙，到2019年3月去世，褚时健用了17年，在偏僻的哀牢山种出了中国最有名的橙子。在糖厂16年，在烟厂17年，种橙17年，他用50年，做成了三件事。几乎每一件事，在做成之前，都是历尽艰辛，战争、牢狱、疾病……但褚时健并没有气馁过，没有灰心过，没有埋怨过，他总是积极地、务实地面对生活和工作，似乎没有什么困难能够阻止他让这个世界变得更美好。

天塌下时的顶梁之柱

褚时健15岁那年，他的父亲因为被日本人的飞机炸成重伤，一年之后不治而亡。家中骤然失去了顶梁柱，木材的生意没了，酒坊也请不起师傅了，家里、田里、酒坊，都只有妈妈一个人顶着，要养活六个孩子，其中最小的孩子才一岁。作为老大的褚时健，那时候小学还没毕业，他没有沉溺于愤怒的情绪里，也没有任由家境败落下去，15岁的褚时健毅然放下课业回家帮助妈妈，从妈妈手里接过作为家里主要经济来源的酒坊。

褚时健家的酒坊主要用苞谷烤酒，传统的苞谷烤酒分几个步骤：泡苞谷、蒸苞谷、放酒曲发酵、蒸馏、接酒。其中蒸苞谷的环节要求把泡好的苞谷放在甑子上连续蒸十几个小时，直到苞谷开花，这个环节要求柴锅里一直有水，锅灶里一直有火，否则，水烧干了苞谷就会煳，意味着烤酒失败，柴烧尽了苞谷就不熟，一样烤不出酒。而且，蒸的过程中要定时搅拌，不然受热不均，影响出酒量。蒸苞谷这个环节一般要两个人轮流守灶，但褚时健只能一个人守灶。白天容易做到，晚上很麻烦，夜里人困的时候总想打个盹，那个时候也没有闹钟，一不小心就会睡过头，要么火灭了，要么水烧干了。听褚时健讲，他在烤酒的时候经常夜里闻见街上飘着苞谷被烤焦的味道，那准是谁家柴锅里的水熬干了，水熬干了，一锅苞谷也就完了。褚时健知道，只要苞谷一煳，自己和弟弟妹妹的学费就没有了，家里的开销用度会更紧张。面对这种挑战，褚时健没有畏难退却，也没有抱怨辛苦，他努力想办法。他在蒸苞谷的时候总结出一条规律，一锅水加满，一般要两个小时才能熬干，心里有了这根弦，褚时健就会在加满水的两个小时内浅睡一会儿，等到快熬干的时候就会准时醒来。至于为什么他总能做到准时醒来，褚时健只是云淡风轻地说，“心里有事，不会睡过头”。褚时健烤酒，从来没有干过锅，也没有熄过火，这件事连三伯家教他烤酒的师傅始终都没弄明白。

靠着自己烤酒，褚时健保证了家里的生活来源以及弟弟妹妹上学的学费来源，母亲因为有了褚时健的分担也没有过度劳累，15岁的褚时健帮助家里挺过最难时刻。

绝望之地的希望之光

1958年，褚时健在玉溪行署人事科长的岗位上被划成“右派”，下放到元江红光农场劳动改造，红光农场在一个山谷的底部，常年酷热难挡，蚊虫肆虐，生存条件极其恶劣。当时很多像褚时健一样的劳动改造人员本来都是玉溪市的精英，一下子被下放到这个地方，他们受不了这个落差，整天唉声叹气，愁眉苦脸，没心思做事。褚时健总是劝他们，“你这样做没用，生闷气是最没用的事情”，“我不生闷气，我找事情做，我要通过做事证明自己的价值”。

在农场的工作，无非就是种地、种菜、种甘蔗，喂猪、喂马、喂牛羊，砍柴、做饭，但褚时健对于手上的工作，总是比别人更积极一些，他翻过的地、种的菜、看管的甘蔗，都比别人要像样一些。用他自己的话讲，“因为我这个人认真，不管是什么环境，活儿到了自己手上，就要做好，不然过不了自己这一关”。

1959年，褚时健看大家生活实在太艰难，就给农场领导建议，把交完国家任务剩余的甘蔗用来榨糖、烤酒，然后用自制的糖和酒向周围的傣族老乡换食物。农场领导工作繁忙，就索性让褚时健去管农场的工业和副业。就这样，褚时健用最简单的工具，榨出了糖，烤出了酒。他还把农场果树上部分果子摘下来，放一些蔗糖，在火上烤，做成北方人喜欢吃的蜜饯，很受农场劳动改造人员和周围傣族老乡的欢迎。不仅如此，褚时健还开了一块荒地种菜，收了菜大部分交到农场食堂，有时候也自己留一些悄悄开个小灶叫上其他劳动改造人员来吃。为了给大家增加更多的营养，褚时健有空的时候还去河边钓鱼，几乎没有空手而归过。

在褚时健的影响下，农场里的劳动改造人员原来沉闷无趣的生活开始变得有乐趣、有希望。

“文革”时期的踏实建设者

“文革”时期，褚时健被组织上派往玉溪市新平县曼蚌糖厂（后来改名戛洒糖厂）当副厂长。当时厂子连年亏损，成为新平县沉重的财政负担。连褚时健的好友，时任新平县县委书记都担心，“连年亏损的企业，可能不好干”。褚时健讲，“试试吧，好不好干都试试”。

到曼蚌糖厂之后，看着破破烂烂的工厂，他没有绝望，也没有观望，更没有参与其中的任何派系斗争，他一上任就来到生产一线，调查研究，熟悉情况。一个多月下来，他已经心里有谱，知道该做什么事情了。

褚时健在糖厂的第一年，采取了三项看似很小的改进措施，却收到了出人意料的大效果：一是敲锅，即把糖厂煮糖用的大锅锅底的泥巴和锅垢敲掉，增加锅底的受热面积，从而减少燃料消耗；二是改燃料，把原来不能充分燃烧的低价褐煤改为厂里堆积如山的甘蔗渣，降低燃料成本；三是增加榨糖机的滚筒个数，由原来的三个增加到六个、九个，提高出糖率。三项改进措施实施下来，在不到一年的时间里，糖厂就传出好消息，糖厂盈利了。工人们有了前所未有的成就感，厂长和党委书记再也不用头疼如何向县里申请补贴，县里再也不用背着这个亏损的包袱了。

糖厂在褚时健的带领下，后来又引进了往甘蔗渣里喷温水的技术，真空密封蒸汽罐煮糖的技术，螺旋棒代替人工搅拌技术，等等，进一步提升了出糖率，降低了燃料成本和人工成本，不但如此，红糖的质量也得到了大幅提升，一级品占比越来越高。企业利润逐年增长，第一年8万元（有人说是11.7万元），第二年20万元，第三年40万元。全体职工第一次实现了全年足额发放工资。厂里的生产搞上去了，但由于物资短缺，职工的生活依然很差，褚时健又带领职工在戛洒江边的河滩上开荒种菜，带领职工用糖厂的生产废料（糖渣）养猪。那个时候全国大部分工厂的食堂一个月也吃不上一次肉，糖厂的食堂却能够做到让职工每星期吃一次肉，再加上5角钱，全家都可以跟着吃，蔬菜更是多得吃不完，剩下的就以市场价一折两折的价格卖给职工。糖厂成为新平县其他企业和机构人人羡慕的好地方。

改革开放和现代化建设时期的亚洲烟王

“文革”结束后，褚时健被调往玉溪卷烟厂。当时的玉溪卷烟厂以内斗激烈、人事关系复杂而远近闻名。褚时健原本并不打算去玉溪卷烟厂，而是更喜欢组织上提供的另外一个选项——塔甸煤矿，因为那里人事关系简单，可以干事，工作之余，还可以打打猎。但因为妻子马静芬的强烈反对，褚时健才选择了回玉溪。

为了避免派系斗争影响自己干事，褚时健在上任之前，就和玉溪市委书记提了要求：给他一年时间改变现状，无论谁去告状，一律驳回。玉溪市委书记一口答应。争取到市委书记的承诺后，褚时健就可以放心去干事了。

褚时健刚到玉溪卷烟厂的时候，见到的情况比想象的得还要糟糕：职工生活条件较差，很多老职工祖孙三代挤在20多平方米的房子里；工人纪律涣散，人浮于事，经常是一人干活，几人围观；产品积压如山，很多产品都是因为质量问题导致的退货。用褚时健的话讲，当时的玉溪卷烟厂是：员工软、散、懒，车间是跑、冒、滴、漏。更为棘手的问题是，厂里的领导班子有12个人，分成两派，两派之间相互拆台。

面对这么多问题，已经52岁的褚时健完全可以选择躺平，过几年安安稳稳的日子然后退休，但这不是褚时健的风格，他等了52年，终于有了可以放手大干的好环境，他不能再失去机会，他选择了强势出击，多次与上级领导沟通。直至最终，玉溪卷烟厂的领导班子按照褚时健的意见进行了大调整。

后面的故事大家都比较熟悉了，褚时健在玉溪卷烟厂开始了员工生活条件改善、工厂生产现场整顿、老设备技术改造、莫林公司MK9-5型卷接机的引进、整套卷烟设备的引进、工资体系改革、“第一车间”建设、烟叶烟厂烟草的三合一等一系列重大改革，用了17年时间，把玉溪卷烟厂从一个年盈利不足1亿元的企业发展成年上缴利税超300亿元的大企业。

垂暮之年的中国橙王

褚时健出狱以后，已经是70多岁的老人，而且身患糖尿病等多种基础性疾病，本来该是颐养天年的时候了，但是，褚时健闲不住，用他自己的话讲，闲了身体会很快出毛病，他要找一些活干。以他当时的身份和影响，干其他行业都不太适合，只有农业比较好，既没人关注，也比较熟悉。家里人都以为，褚时健种橙子只是为了找点事情做，种几亩地算了，种好种坏都无所谓，反正家里也不指望他挣钱，但是褚时健要种橙子，既是为了找事做，打发时间，也不是单单打发时间，他要把橙子种好，种成像新奇士那样的具有全球竞争力的产品。缺钱怎么办？借，向自己曾经帮过的人打借条借。不懂种植怎么办？学，亲自去一点一滴地学，向农民学，向院士学，向技术专家学……他用两三年的时间，以惊人的速度快速掌握了橙子种植的主要知识。学会了种植但选错了树种怎么办？砍，砍了再重来。橙子种出来了卖不动怎么办？亲自到昆明、到上海、到杭州去推销……种橙17年，从70多到90多，一个带病的老人，在穷乡僻壤，白手起家，但他依然没有任何怨言，没有放弃追求，没有放低标准，终于用17年的时间取得了让世人为之震惊的成绩。

褚时健的一生和他们那一代人一样，可谓历尽坎坷，但是，无论经历什么样的坎坷，面对什么样的困难，他始终没有消极过，始终没有躺平过，他一直在尽可能用自己的行动，改善自己身边的环境，改善自己身边人的生活，逆境中，则小改变小改善，顺境中，则大改变大改善。他也确实做到了：失去顶梁柱的家庭被改变了，他成了家里新的顶梁柱；沉闷无趣的红光农场被改变了，绝望之境有了希望之光；曼蚌糖厂被他改变了；玉溪卷烟厂被他改变了，由一个地区小厂变成云南省的财政支柱；大营街因他而改变，从一个贫困村成为云南省第一村；新平县因他而改变，原来的荒山野岭变成了金山银山……